LOS *SMART CONTRACTS* EN EL DERECHO INTERNACIONAL PRIVADO ESPAÑOL (CUESTIONES CONCEPTUALES BÁSICAS)

ALFONSO ORTEGA GIMÉNEZ

LOS *SMART CONTRACTS* EN EL DERECHO INTERNACIONAL PRIVADO ESPAÑOL (CUESTIONES CONCEPTUALES BÁSICAS)

3.ª Edición

ⅢΛRANZADI

© **Alfonso Ortega Giménez**, 2024
© **Editorial Aranzadi, S.A.U.**

Editorial Aranzadi, S.A.U.
C/ Collado Mediano, 9
28231 Las Rozas (Madrid)
Tel: 91 602 01 82
e-mail: clienteslaley@aranzadilaley.es
https://www.aranzadilaley.es

Primera edición: 2024

Depósito Legal: M-20079-2024
ISBN versión impresa: 978-84-1078-427-7

Diseño, Preimpresión e Impresión: Editorial Aranzadi, S.A.U.
Printed in Spain

Breve nota sobre el autor

Alfonso Ortega Giménez es **Doctor Honoris Causa** por la Universidad Autónoma San Sebastián de San Lorenzo-UASS, en la ciudad de San Lorenzo (Paraguay), a 6 de diciembre de 2022; y por el Instituto Interamericano de Investigación y Docencia en Derechos Humanos, en la Universidad Juárez Autónoma de Tabasco (México, 2021); **Doctor en Derecho**, 2014 (Calificación: Sobresaliente *Cum Laude* por unanimidad); Premio extraordinario de Doctorado, 2018; Licenciado en Derecho, 2000; y, **Master en Comercio Internacional** también por la Universidad de Alicante, 2001.

Profesor Titular de Derecho internacional privado de la Universidad Miguel Hernández de Elche. Director del Observatorio Provincial de la Inmigración de Alicante. Vicedecano de Grado en Derecho de la Facultad de Ciencias Sociales y Jurídicas de Elche. Director del Máster Universitario en Abogacía de la Universidad Miguel Hernández (UMH) de Elche, desde el curso académico 2021/2022. **Director de la Cátedra de Relaciones Privadas Internacionales UMH-ICAO de la Universidad Miguel Hernández de Elche**, desde marzo de 2022. También es **Magistrado Suplente de la Audiencia Provincial de Castellón** (según Acuerdo de 11 de agosto de 2022, de la Comisión Permanente del Consejo General del Poder Judicial, por el que se resuelve el concurso para provisión de plazas de Magistrado/a suplente y de Juez/a sustituto/a en el año 2022/2023, en el ámbito de los Tribunales Superiores de Justicia de Andalucía, Ceuta y Melilla, Aragón, Principado de Asturias, Illes Balears, Canarias, Cantabria, Castilla y León, Castilla-La Mancha, Cataluña, Comunidad Valenciana, Extremadura, Galicia, Comunidad de Madrid, Región de Murcia, Comunidad Foral de Navarra, País Vasco y La Rioja, convocado por Acuerdo de 17 de marzo de 2022). Publicado en el BOE número 205, Sección II. A., página 120569, de fecha viernes, 26 de agosto de 2022. **Vocal del Observatorio Valenciano de la Inmigración y Socio-Director de COEX International Trade,** *Spin-off* **de la Universidad Miguel Hernández de Elche, que se dedica al Asesoramiento, Consultoría y Formación en Internacionalización de la Empresa y Planificación Jurídica Internacional.**

Es Consultor de Derecho internacional privado de la Universitat Oberta de Catalunya (UOC), desde el segundo semestre del curso académico 2008/2009, y **Consejero académico del despacho de Abogados ARA Y ASOCIADOS, con sede principal en Alicante y oficinas en Murcia, Madrid y Beijing (China) y de la Asesoría GRUPO ASESOR ROS, con sede en Elche.**

Reconocidos dos Sexenios de Investigación correspondientes al tramo 2002-2007 CNEAI (Fecha concesión: 23/10/19), al tramo 2009-2017 CNEAI (Fecha concesión: 21/06/18) y al tramo 2010-2016. AVAP (Fecha concesión: 18/01/18).

Miembro de la Asociación para la Docencia e Innovación en Derecho (Ludoteca Jurídica), desde julio de 2021. Miembro de la Asociación de Política Exterior Española. Miembro de la Asociación de Derecho del Arte (ADA). Miembro de Número del Capítulo Reino de España, otorgado por la Academia Norteamericana de Literatura Moderna Internacional y por la Junta Directiva del Estado de New Jersey (EE. UU.). Miembro del ELI (*European Law Institute*). Miembro de la Red Española de Política Social-REPS. Miembro de la Sociedad Latinoamericana de Derecho Internacional-SLADI. Miembro de la Asociación Americana de Derecho Internacional Privado-ASADIP. Miembro de número de la Asociación Española de Profesores de Derecho Internacional y Relaciones Internacionales-AEPDIRI; Miembro de la Asociación Española para el Fomento de la Seguridad de la Información-ISMS Forum Spain; Ha sido Vicepresidente de la Asociación del Máster en Comercio Internacional de la Universidad de Alicante-AMCI hasta julio 2018; Miembro de la Asociación Española para el Estudio del Derecho Europeo-AEDEUR; Miembro de la Asociación Castellano-Manchega de Sociología-ACMS. Miembro de la Asociación Española de Derecho del Entretenimiento-DENAE. Miembro del Instituto de Derecho Iberoamericano-IDIBE.

Ha recibido numerosos premios en docencia e investigación: Premio UMH al Talento Docente para el año 2023, dentro de la rama académica de CIENCIAS SOCIALES, JURIDICAS Y HUMANIDADES por Resolución Rectoral N.º 03610/2023, de fecha 04 de diciembre de 2023, según las bases para la concesión de los Premios al Talento Docente en el marco del Programa Docentia-UMH, aprobadas por Consejo de Gobierno de la Universidad Miguel Hernández de Elche en sesión de 25 de enero de 2023, en Elche, a 4 de diciembre de 2023. Certificado de calidad docente EXCELENTE, valoración final obtenida en el proceso de evaluación de las actividades docentes desarrolladas en el período curso inicial 2018/2019-curso final 2021/2022, realizado de acuerdo con los criterios y procedimientos establecidos en el PROGAMA DOCENTIA-UMH, evaluado positivamente por la ANECA, con fecha 27 de febrero de 2013, en la Universidad Miguel Hernández de Elche, a 30 de noviembre de 2023. Visitante Ilustre de la Universidad San Lorenzo (UNISAL), otorgado por el Consejo Académico mediante Resolución N.º 110/2022-CSU, en Paraguay, a 5 de diciembre de 2022. Premio «INSTITUTO VASCO DE DERECHO PROCE-SAL» de Artículos Doctrinales sobre el fomento del estudio del Derecho Procesal, en su XII Edición por el trabajo inédito titulado «Resolución de problemas de competencia judicial internacional y de determinación de la ley aplicable en materia de derechos reales en España», en San Sebastián (País Vasco), 11 de octubre de 2022. Premio en la convocatoria de «Premios UMH al Talento Docente» para el año 2021, dentro de la rama académica de Ciencias Sociales, Jurídicas y Humanidades, por Resolución Rectoral n.º 04858/21, de fecha 23 de noviembre de 2021, en el marco del PROGRAMA DOCENTIA-UMH, aprobadas por el Consejo de Gobierno de la Universidad Miguel Hernández de Elche, en sesión de 14 de diciembre de 2020, en Elche, a 02 de diciembre de 2021. Ganador *ex-aequo* en la categoría «Aula responde» del XVIII del Certamen Innova-Emprende de la Universidad Miguel Hernández de Elche, en Elche, a 1 de julio de 2021. Premio en el I Certamen de Artículos Jurídicos Breves del Derecho del Entretenimiento y Tecnologías de la información, organizado por la Asociación Española de Derecho del Entretenimiento —DENAE—, por el artículo «Los "contratos inteligentes" (*Smart Contracts*) ni son "contratos" ni son "inteligentes", en Madrid, a 24 de junio de 2020». Premio «Instituto Vasco de Derecho Procesal» en su IX Edición, por el trabajo «La alegación y prueba del Derecho extranjero tras la nueva Ley de Cooperación Jurídica Internacional», en Donostia-San Sebastián, a 29 de noviembre de 2019. Cruz al Mérito, en virtud de su destacada y meritoria labor académica y científica profesional, acordado por la Junta de Gobierno de la Academia Internacional de Ciencias, Tecnología, Educación y Humanidades, en Valencia, a 9 de noviembre de 2019. Reconocimiento al Mérito Universitario, en virtud de su destacada y meritoria labor académica y científica profesional, acordado por la Junta de Gobierno de la Academia Internacional de Ciencias, Tecnología, Educación y Humanidades, en Valencia, a 9 de noviembre de 2019. Premio a la excelencia en la práctica jurídica de Economist & Jurist, en Madrid, 3 de diciembre de 2018. Premio UMH 2018 a la Productividad Investigadora, otorgado por el Vicerrector de Investigación e Innovación de la Universidad Miguel Hernández de Elche. Premio UMH 2017 a la Productividad Investigadora, otorgado por el Consejo de Gobierno de la Universidad Miguel Hernández de Elche. Premio «Investigación» en la modalidad de «Jóvenes Investigadores» 2017. Premio UMH al Talento Docente 2017. Premio «Investigación» en la modalidad de «Jóvenes Investigadores» 2016. Premio UMH 2016 a la Productividad Investigadora. Premio a la excelencia en la Práctica Jurídica de ISDE 2016. Premio Joven Investigador por el Consejo Social de la Universidad Miguel Hernández de Elche (XII edición). Premio al profesional de Comercio exterior del año 2016, otorgado por la Asociación Española de Profesionales de Comercio Exterior a las empresas (ACOCEX) y BANKIA. Premio «INSTITUTO VASCO DE DERECHO PROCESAL» en su V Edición (Premio de Artículos Doctrinales sobre el fomento del estudio del Derecho Procesal), en el año 2015. Premio UMH 2015 a la productividad investigadora. Premio UMH 2014 a la productividad investigadora. Premio Santander al mejor Ensayo Corto convocado por la Red Cátedra Santander de Responsabilidad Social Corporativa (Convocatoria 2015). Primer accésit de la XII edición del Premio de Ensayo Breve de la Asociación Castellano-Manchega de Sociología «Fermín Caballero»; V Premio Jurídico Internacional Instituto Superior de Derecho y Economía (ISDE); Accésit en la categoría de «Investigación» de la XVIII edición de los «Premios de Protección de Datos 2014» de la Agencia Española de Protección de Datos. Búho de oro al mejor profesor del Curso 2013/2014 de la Escuela Superior de Marketing (ESUMA). Premio UMH al Talento Docente, años 2014, 2017 y 2019.

Ponente habitual en numerosos cursos organizados en España y en el extranjero en materia de Derecho Internacional Privado, Derecho de la nacionalidad, Derecho de extranjería, Derecho del comercio internacional, Contratación internacional y Protección de datos de carácter personal, entre otros. Ha dirigido infinidad de TFG y TFM y cuatro Tesis doctorales.

Autor de diferentes artículos, notas, recensiones y comentarios relacionados con dichas materias publicados en Revistas científicas, técnicas y de divulgación, españolas y extranjeras; **ha participado, como autor, coautor, director y/o coordinador en más de 275 libros.**

Índice General

Planteamiento

El mundo globalizado con su vertiginosa competitividad y la rapidez para concretar negocios han impulsado el desarrollo del comercio electrónico, modificando la forma de vender y comprar productos o servicios en Internet.

El mercado del comercio electrónico mueve 25 billones de dólares en el mundo, un negocio que lideran EEUU, Japón y China y en el que España ocupa el noveno puesto, según las estadísticas publicadas por la Agencia de las Naciones Unidas para el Comercio y el Desarrollo (UNCTAD)[1], dicha organización afirma que en 2016 el tamaño del mercado de comercio electrónico mundial sumó 25 billones de dólares, de los que el 90% es del comercio empresa a empresa (B2B) y el 10 % restante del comercio empresa a consumidor (B2C).

A nivel global, la e-Commerce Foundation ha estimado que el comercio electrónico creció un 17% interanual en 2017, hasta superar los 1,85 billones de dólares de volumen. Este órgano atribuye este incremento al empuje de los países asiáticos, que experimentaron un crecimiento del 20%, y los europeos, un 19%, que han compensado los modestos resultados de Norteamérica, que creció un 9% interanual, y de África, que avanzó un 11%[2].

El volumen de ventas del comercio electrónico minorista a nivel mundial desde 2013 hasta 2018 también **muestran un crecimiento considerable**, los datos consultados señalan que, en 2014 las ventas del comercio electrónico B2C ascendieron a 839.800 millones de USD con proyecciones de 1,5 billones de USD en ventas para el año 2018[3].

---

1. UNCTAD es un órgano intergubernamental permanente establecido por la Asamblea General de las Naciones Unidas en 1964, con sede se en Ginebra, Suiza, y tiene oficinas en Nueva York y Addis Abeba. UNCTAD es parte de la Secretaría de las Naciones Unidas.
2. *Informe mundial de comercio electrónico 2017*, disponible en: http://www.ecommercefoundation.org/in-the-news/press-release-global-ecommerce-country-report-2017
3. Cifras proporcionadas por el portal Statista, disponible en:
   https://es.statista.com/estadisticas/634596/ventas-de-comercio-electronico-minorista--2018

El imparable avance de las nuevas tecnologías, de la nueva era digital en la que estamos inmersos, está permitiendo cada vez una mayor automatización de todos los procesos productivos, cobrando mayor protagonismo los *software* y algoritmos informáticos encargados de ejecutar automáticamente las órdenes programadas previamente.

En este entorno de automatización generalizada **cobra especial relevancia una nueva tecnología capaz de diseñar contratos entre particulares** con capacidad para auto ejecutarse sin mediación de terceros y basados en la revolucionaria tecnología de *Blockchain* (cadena de bloques), estos **son los** *Smart Contract* **o contratos inteligentes**.

Desde hace una década, los *Smart Contracts* han sido observados y analizados por el mundo de la informática ante la ausencia de un paradigma que resolviera los problemas tecnológicos existentes.

En estos últimos años, tras la creación de «Bitcoin» y el lanzamiento de su primera versión en 2009, han sido muchos los proyectos interesantes que han ido apareciendo, aportando nuevas ideas y soluciones descentralizadas en las relaciones comerciales. La cadena de bloques y los *Smart Contracts* forman parte de una nueva tecnología que tiene un gran potencial en el futuro del comercio electrónico.

A diferencia del modelo comercial centralizado y tradicional, los contratos inteligentes fomentan un nuevo tipo de relación comercial basada en la confianza en las nuevas tecnologías, al heredar las propiedades de *Blockchain*, los contratos inteligentes ofrecen inmutabilidad y almacenamiento distribuido, que es lo que más los distingue de los acuerdos tradicionales. La inmutabilidad y el almacenamiento distribuido permiten que los contratos inteligentes se conviertan en un medio creíble para realizar acuerdos comerciales y realizar transacciones. Las tecnologías Blockchain y *Smart Contract,* están impactando a las empresas y sentando las bases para el futuro de los negocios.

Vamos hacia un mundo global, con servicios globales, donde los *Smart Contracts* tienen todas las papeletas de ser la semilla de un cambio sin precedentes ya que se calculan más de 25 billones de dispositivos conectados a Internet en 2017, todos ellos susceptibles de ejecutar *Smart Contracts* entre ellos a diario[4].

En este contexto de cambio en las relaciones comerciales, el presente trabajo, que se presenta como una «nueva edición» de la obra *Smart Contracts y Derecho Internacional Privado,* supone una revisión, actualización y ampliación con respecto a ese texto original (ORTEGA GIMÉNEZ, Alfonso, *Smarts Con-*

---

4. Según el último informe publicado por la consultora y analista Garner, disponible en: https://www.gartner.com/en/newsroom/press-releases/2017-02-07-gartner-says-8-billion-connected-things-will-be-in-use-in-2017-up-31-percent-from-2016

tracts y Derecho Internacional Privado, Editorial Thomson Reuters Aranzadi, Cizur Menor (Navarra), 2019) y a su edición posterior, en inglés (ORTEGA GIMÉNEZ, Alfonso, *Smart contracts and private international law, 2nd updated and revised edition (English)*, Editorial Thomson Reuters Aranzadi, Cizur Menor (Navarra), 2022.). Se va a centrar en **analizar esta nueva tendencia**, tomando en consideración su relación con el Derecho, las obligaciones contractuales que generan y la determinación de la competencia judicial y la ley aplicable, en este tipo de relación contractual.

Se hace necesario centrarse en el estudio en conocer los orígenes, la evolución y las características de los *Smart Contracts,* por este motivo empezaremos analizando la evolución de los contratos tradicionales y el origen de los *Smart Contracts,* determinaremos su **concepto, características, funcionamiento** y los beneficios que este tipo de contrato tiene en el ámbito comercial actual, analizaremos la aplicación en los distintos sectores empresariales, tomando en consideración la relación B2B (*Business to Business*) y B2C (*Business to Consumer*) —**apartado II**—.

En el **apartado III** determinaremos si naturaleza jurídica, analizaremos la **validez y eficacia** de este tipo de contratos, señalaremos los elementos que los componen y las obligaciones que generan. Desarrollaremos el marco jurídico de este tipo de contratos.

El **apartado IV** será dedicado al análisis de los *Smart Contracts*, desde la perspectiva del Derecho Internacional Privado, diferenciando la **relación comercial B2B y la B2C**, nos ocuparemos de las cuestiones de **competencia judicial internacional** y de la determinación de la **ley aplicable**.

Cerraremos estos conceptos básicos sobre los *Smart Contracts* y el Derecho Internacional Privado con el correspondiente apartado a modo de reflexiones finales (**apartado V**); y con la bibliografía consultada (**apartados VI**), donde el lector podrá ampliar sus conocimientos sobre uno de los temas *iusinternacionalprivatistas* de más actualidad, hoy día.

Los *Smart Contracts*: evolución, origen, concepto y rasgos característicos

SUMARIO: II.1. EVOLUCIÓN DE LOS CONTRATOS TRADICIONALES. II.2. ORIGEN DE LOS *SMART CONTRACTS*. *1. Bitcoin. 2. Blockchain. 3. Ethereum. 4. Solidity.*

II.1. EVOLUCIÓN DE LOS CONTRATOS TRADICIONALES

Los contratos son una parte fundamental de las sociedades humanas, y su evolución refleja la complejidad y la sofisticación de las relaciones económicas y sociales a lo largo del tiempo. Desde los primeros registros escritos hasta los sistemas legales modernos, los contratos han jugado un papel crucial en la facilitación de acuerdos y en la protección de los derechos de las partes involucradas.

Los primeros indicios de contratos se encuentran en la antigua Mesopotamia, alrededor del 2100 a. C., en forma de tablillas de arcilla cuneiformes. Estos contratos abordaban temas como la venta de tierras, matrimonios y transacciones comerciales. Los códigos legales, como el Código de Hammurabi, incluyen cláusulas específicas sobre cómo deben formalizarse los contratos y las penalidades por incumplimiento.

En el antiguo Egipto, los contratos eran escritos en papiro y se usaban para documentar acuerdos sobre bienes raíces, trabajo y matrimonios. Los egipcios también desarrollaron una forma primitiva de notariado para autenticar los contratos, lo que asegura su validez y cumplimiento[5].

En la Grecia antigua, los contratos eran verbales y basados en la confianza mutua. La palabra dada era fundamental, y los acuerdos se consideraban sagrados. Sin embargo, a medida que las transacciones comerciales se volvieron más

---

5.   *Vid.*, JOHNSTON, D., «Roman Law in Context», Cambridge University Press, 1999.

complejas, surgieron documentos escritos para registrar estos acuerdos. Aristóteles mencionó en sus obras la importancia de los contratos en la economía de su tiempo[6].

Los romanos, por otro lado, desarrollaron un sistema contractual mucho más sofisticado. El derecho romano distinguía entre varios tipos de contratos, incluyendo los «verbal contracts» (verbales), «literal contracts» (escritos) y «real contracts» (basados en la entrega de bienes). El «contractus» romano estableció principios legales que aún influyen en los sistemas jurídicos modernos, como la *«pacta sunt servanda»* (los pactos deben ser cumplidos).

Durante la Edad Media, los contratos comenzaron a ser influidos por la ley canónica y la ley feudal. En Europa, los gremios y las corporaciones medievales desarrollaron sus propias reglas y normas contractuales, adaptadas a las necesidades del comercio y la industria artesanal. Los contratos escritos se hicieron más comunes, especialmente para grandes transacciones y acuerdos a largo plazo.

En el mundo islámico, el derecho contractual se desarrolló considerablemente, influenciado por el Sharia (ley islámica). Los contratos islámicos, conocidos como «aqd», cubrían una amplia gama de transacciones económicas, desde préstamos y sociedades hasta ventas y alquileres. La ley islámica enfatizaba la equidad y la justicia, prohibiendo prácticas como la «riba» (usura).

Con el advenimiento de la Edad Moderna, los contratos comenzaron a adoptar formas más estandarizadas y reguladas por los estados. En el siglo XVII, el derecho consuetudinario inglés (Common Law) empezó a reconocer la importancia de los contratos escritos y la necesidad de proteger las expectativas legítimas de las partes. La famosa obra de Thomas Hobbes, «Leviatán», argumentó que los contratos sociales eran fundamentales para la formación de un estado civilizado.

En el continente europeo, el Código Civil Napoleónico de 1804 estableció un marco uniforme para los contratos en Francia y tuvo una influencia significativa en otros países europeos. Este código enfatizaba la libertad contractual y la autonomía de la voluntad, principios que siguen siendo fundamentales en el derecho contractual moderno.

En la era contemporánea, los contratos han evolucionado para adaptarse a la globalización y la complejidad de las transacciones modernas. La aparición del comercio electrónico y la digitalización han dado lugar a nuevos tipos de contratos, como los contratos electrónicos y los *Smart Contracts*. Estos nuevos

---

6.   *Vid.*, MAKDISI, J., «The Islamic Origins of the Common Law», en *North Carolina Law Review*, 77(5), 1999, pp. 1635-1739.

contratos aprovechan la tecnología para facilitar y asegurar transacciones, reduciendo la necesidad de intermediarios y aumentando la eficiencia.

El derecho internacional también ha influido en la evolución de los contratos. Instrumentos como la Convención de las Naciones Unidas sobre los Contratos de Compraventa Internacional de Mercaderías (CISG) proporcionan un marco uniforme para las transacciones comerciales internacionales, facilitando el comercio entre diferentes jurisdicciones legales.

La evolución de los contratos refleja la adaptación de las sociedades a las necesidades cambiantes de las relaciones económicas y sociales. Desde las primeras tablillas de arcilla en Mesopotamia hasta los *Smart Contracts* basados en Blockchain, los contratos han sido y seguirán siendo una herramienta esencial para la organización y regulación de la interacción humana. La historia de los contratos es un testimonio del ingenio humano en la creación de sistemas que promuevan la confianza, la justicia y la eficiencia en las relaciones humanas. Desde sus inicios hasta la era digital, los contratos han demostrado ser herramientas versátiles y adaptables que reflejan la naturaleza dinámica de las interacciones económicas y sociales.

Cuando se habla de contratos nos viene a la mente el típico documento en papel con una serie de condiciones escritas, en el que, si las partes implicadas están de acuerdo con ellas, escriben su firma en él comprometiéndose a cumplir dichas condiciones.

Hoy en día, aunque este método sigue siendo el más utilizado en todo el mundo, también ha ido evolucionado ligeramente, encontrándonos con:

– Contratos de firma digital.

– Contratos que requieren confirmación por voz.

– Contratos electrónicos.

– *Smart Contracts* (Contratos Inteligentes).

a. **Los contratos de firma digital**: son los que utilizan las empresas en su página web para que los usuarios se registren en el cual hacen que marquemos una casilla donde «Aceptamos las condiciones de uso y política de privacidad». Cuando aceptamos esos términos, automáticamente «firmamos» ese contrato con ese **sitio web**. Esto pasa en cualquier portal en el que tengamos que darnos de alta, como por ejemplo en redes sociales como *Facebook*, *WhatsApp* o *Twitter*, tiendas *online* como *Amazon*, o plataformas de servicios como *Airbnb*.

b. **Los contratos que requieren una confirmación por voz**: son aquellos en los que la firma es la propia voz aceptando los términos del contrato. Este tipo de contratos se suele dar en compañías que venden servicios de electricidad, gas, telecomunicaciones, estas compañías llaman para ofrecer un servicio con unas condiciones y realizan el contrato con el consumidor **mediante confirmación por voz**. Si el usuario está de acuerdo con esas condiciones, la compañía toma nota de los datos legales de esa persona (nombre, dirección, DNI) y le hace responder «Acepto las condiciones», grabando su respuesta como «firma» del usuario.

c.   **Los contratos electrónicos:** son contratos celebrados por vía electrónica en el que la oferta y la aceptación se transmiten por medio de **equipos electrónicos** de tratamiento y almacenamiento de datos, conectados a una red de telecomunicaciones.

d.   Los mencionados anteriormente forman el formato tradicional de contrato, sin embargo, estos **están evolucionando hacia lo que hoy en día ya son llamados** *Smart Contracts* que es un programa informático que ejecuta acuerdos establecidos entre dos o más partes haciendo que ciertas acciones sucedan como resultado de que se cumplan una serie de condiciones específicas.

II.2.   ORIGEN DE LOS *SMART CONTRACTS*

En las décadas de 1970 y 1980 un movimiento informático se propuso implantar los mecanismos de mercado como las subastas y las ventas al campo de la informática, en aquellos años la criptografía de clave pública revolucionó la seguridad en la red.

El término *Smart Contracts* **fue acuñado por el informático Nick Szabo, a mediados de los años 90**, para enfatizar el objetivo de llevar lo que él llamaba las prácticas «altamente evolucionadas» de la ley de contratos y las prácticas comerciales relacionadas hacia el diseño de protocolos de comercio electrónico entre extraños en internet. Szabo, inspirado por investigadores como David Chaum, también creía que la especificación a través de una lógica clara, y una verificación o ejecución a través de protocolos criptográficos y otros mecanismos de seguridad digital, podrían constituir una mejora importante sobre los contratos legales tradicionales.

La concepción de los *Smart Contracts* es una convergencia de varios desarrollos tecnológicos y avances en la criptografía y la informática. Uno de los principales desarrollos tecnológicos que permitió la creación de los *Smart Contracts* fue la invención de la criptografía de clave pública. Durante las décadas de 1970 y 1980, la criptografía de clave pública, también conocida como criptografía asimétrica, revolucionó la seguridad en la red al permitir que dos partes se comuniquen de manera segura sin necesidad de compartir una clave secreta de antemano.

Otro avance significativo fue el desarrollo de los lenguajes de programación y las estructuras de datos que podían ser utilizados para crear contratos auto-ejecutables. Los lenguajes de programación de la época comenzaron a incorporar conceptos de programación funcional y lógica, que son esenciales para la creación de contratos inteligentes.

En la década de 1990, Nick Szabo, un criptógrafo y académico, acuñó el término *Smart Contracts*. Szabo definió los *Smart Contracts* como protocolos de transacción informatizados que ejecutan los términos de un contrato. Su visión era utilizar la tecnología digital para formalizar y asegurar acuerdos contractuales entre partes desconocidas sin la necesidad de intermediarios.

La aparición de Bitcoin en 2009 y su tecnología subyacente, Blockchain, fue un punto de inflexión para los *Smart Contracts*. La Blockchain de Bitcoin proporcionó una manera descentralizada y segura de registrar transacciones, lo que resolvió uno de los mayores desafíos para los contratos inteligentes: la necesidad de un sistema confiable para verificar y ejecutar los términos del contrato. La Blockchain garantiza la inmutabilidad y la transparencia, lo que es crucial para la confianza en los *Smart Contracts*.

El desarrollo de Ethereum en 2015 por Vitalik Buterin llevó los *Smart Contracts* a un nuevo nivel. Ethereum es una plataforma descentralizada que ejecuta contratos inteligentes: aplicaciones que se ejecutan exactamente como fueron programadas sin posibilidad de fraude o interferencia de terceros. Ethereum introdujo la Máquina Virtual de Ethereum (EVM), que permite a cualquier persona ejecutar cualquier programa, independientemente del lenguaje de programación, en una única red de nodos públicos.

Ethereum también desarrolló un lenguaje de programación específico para contratos inteligentes llamado Solidity. Solidity es un lenguaje de alto nivel que se asemeja a JavaScript y está diseñado para implementar *Smart Contracts* en la EVM. Este lenguaje permite a los desarrolladores escribir aplicaciones descentralizadas que implementen automatizaciones en los negocios a través de los *Smart Contracts*, dejando un registro irrefutable y autorizado de las transacciones.

Además de Ethereum, han surgido otras plataformas y tecnologías que soportan *Smart Contracts*, como Hyperledger Fabric, una plataforma de Blockchain empresarial desarrollada por la Fundación Linux, y EOS.IO, una infraestructura de Blockchain para aplicaciones descentralizadas. Estas plataformas ofrecen diferentes características y niveles de soporte para contratos inteligentes, ampliando el alcance y las posibilidades de esta tecnología.

En resumen, los *Smart Contracts* son el resultado de décadas de avances en criptografía, lenguajes de programación, y tecnología Blockchain. Desde los primeros conceptos de criptografía de clave pública hasta las plataformas avanzadas como Ethereum, estos desarrollos han hecho posible la creación de contratos autoejecutables y confiables que están transformando múltiples industrias. Mark Miller y otros han subrayado la utilización de otro tipo de seguridad como base de los contratos inteligentes, a diferencia de Chaum y otros investigadores en criptografía financiera los cuales ponen énfasis en utilizar protocolos criptográficos avanzados para mejorar la seguridad y la privacidad del dinero digital, la firma de contratos, las subastas y otros mecanismos comerciales.

La aplicación de esta innovadora forma de realizar transacciones no fue posible durante muchos años atendiendo al estado de la técnica de ese entonces, hasta que en 2009 **se hace realidad con la aparición de** *Bitcoin* **y su tecnología** *Blockchain* o cadena de bloques.

Antes de la aparición de la tecnología *Blockchain* o cadena de bloques **no existía ninguna plataforma** que pudiera hacer realidad los contratos inteligentes, por lo que solo estaba definida conceptualmente.

Esta innovación traslada lo que en el campo del Derecho se denomina condición suspensiva al lenguaje de programación, mediante el uso de la expresión «if-then» (si se produce este evento, entonces a continuación sucede este otro). Gracias a la tecnología Blockchain se garantiza que personas que no se conocen entre ellas puedan realizar transacciones automáticas sin necesidad de un intermediario de confianza.

Para que los contratos inteligentes se puedan ejecutar es necesario que existan las **transacciones programables** y un sistema financiero digitalmente nativo que las reconozca.

Muchos defensores ven los contratos inteligentes como el resultado inevitable de muchos esfuerzos independientes para mejorar las operaciones en varias industrias que utilizan la tecnología digital. Actualmente, varios lenguajes formales se han desarrollado, para especificar las cláusulas contractuales de este tipo de contratos. El Instituto de Ingeniería Eléctrica y Electrónica (IEEE)[7] tiene dos grupos de trabajo especializados en contratos digitales, los cuales promueven que esta investigación continúe en el futuro.

---

7. El Instituto de Ingeniería Eléctrica y Electrónica (IEEE) es la organización profesional técnica más grande del mundo dedicada al avance de la tecnología para el beneficio de la humanidad, tiene presencia global con siete oficinas a nivel internacional, patrocina más de 1,800 conferencias y eventos anuales en todo el mundo, seleccionando contenido de vanguardia para todos los campos técnicos de interés dentro de IEEE, (https://www.ieee.org).

1. BITCOIN

El intento de crear monedas virtuales ya es antiguo y se remonta a los años noventa del siglo XX. Diversos emisores intentaron crear divisas virtuales (*mondex, liberty reserve dollars, e-gold, second life linden dollars, webMoney*) con resultados diversos, pero mayormente fallidos[8]. Entre los factores que precipitaron al fracaso la mayor parte de estos intentos se pueden señalar:

- Factores técnicos, como el de asegurar al cliente frente al riesgo de doble pago.

- Factores sistémicos, como el de asegurar la viabilidad del sistema ante subidas o bajadas repentinas en el uso del sistema que requerían fondos de estabilidad y mecanismos de contención que los emisores no tenían.

- Factores especulativos, como el de fijar la cotización de la moneda virtual en relación con las restantes divisas de cambio logrando una estabilidad en el cambio.

- Factores institucionales, en concreto la personalidad del emisor y el alcance de las garantías que podía ofrecer al sistema. La mayor parte de estas monedas digitales fueron emitidas por compañías que carecían de recursos para poder actuar como un regulador-emisor monetario con garantías y que por ello se vieron desbordados por la evolución del sistema. Otras fueron finalmente abordadas como un sistema ilícito de encubrimiento y blanqueo de capitales.

Tener presente estos factores es útil para valorar los pluses y las debilidades que ofrecen las criptomonedas en sistema *Blokchain*.

El nacimiento de Bitcoin en 2009 marcó el comienzo de una revolución en el mundo de las finanzas y la tecnología. A medida que Bitcoin fue ganando popularidad, surgieron muchas otras criptomonedas en la década de 2010, cada una con características y objetivos únicos. Esta sección proporciona un análisis comparativo entre Bitcoin y algunas de las criptomonedas emergentes más significativas de esa época.

Bitcoin, creado por el pseudónimo Satoshi Nakamoto, se presentó como un sistema de efectivo electrónico peer-to-peer que permite transacciones en línea directas sin intermediarios. La principal innovación de Bitcoin fue la utilización de una cadena de bloques (Blockchain) para registrar todas las transacciones de manera descentralizada, asegurando la transparencia y la inmutabilidad del registro.

---

8. *Vid.*, MATEO HERNÁNDEZ, J. L., *El dinero electrónico en Internet Aspectos técnicos y jurídicos*, Comares, Granada, 2005.

Ethereum, lanzado en 2015 por Vitalik Buterin, fue una de las criptomonedas más influyentes después de Bitcoin. A diferencia de Bitcoin, que se centra en ser una moneda digital, Ethereum es una plataforma descentralizada que permite la ejecución de contratos inteligentes y aplicaciones descentralizadas (DApps). Ethereum introdujo la Máquina Virtual de Ethereum (EVM), que permite a los desarrolladores crear contratos inteligentes y DApps utilizando su propio lenguaje de programación, Solidity. Esta capacidad de programabilidad ha permitido a Ethereum soportar una amplia gama de aplicaciones, desde finanzas descentralizadas (DeFi) hasta tokens no fungibles (NFT).

Ripple (XRP), lanzada en 2012, se diferencia de Bitcoin y Ethereum al enfocarse en soluciones para pagos globales y la transferencia de dinero entre diferentes monedas. Ripple utiliza un consenso iterativo en lugar del tradicional proceso de minería, lo que permite transacciones más rápidas y de menor costo. Su protocolo está diseñado para facilitar la transferencia de valor a través de diferentes redes, lo que lo hace popular entre instituciones financieras.

Litecoin (LTC), creado por Charlie Lee en 2011, es una bifurcación del código fuente de Bitcoin. Litecoin se diseñó para realizar transacciones más rápidas y con menores costos de transacción que Bitcoin. Utiliza un algoritmo de prueba de trabajo diferente llamado Scrypt, que permite un tiempo de generación de bloques más corto y es más accesible para los mineros. Estas características hacen que Litecoin sea adecuado para pagos cotidianos y microtransacciones.

Cardano (ADA), lanzado en 2017 por Charles Hoskinson, cofundador de Ethereum, es otra criptomoneda que ha ganado mucha tracción. Cardano se centra en proporcionar una plataforma más segura y escalable para el desarrollo de contratos inteligentes. Su desarrollo se basa en una filosofía de investigación académica revisada por pares, lo que lo distingue de muchas otras criptomonedas. Utiliza un algoritmo de consenso de prueba de participación (PoS) llamado Ouroboros, que está diseñado para ser más seguro y eficiente que los modelos anteriores. Cardano también implementa un enfoque en capas para aumentar su flexibilidad y escalabilidad.

Monero (XMR), lanzado en 2014, es una criptomoneda centrada en la privacidad. A diferencia de Bitcoin, donde las transacciones son públicas y rastreables, Monero utiliza técnicas de criptografía avanzada para garantizar la privacidad y el anonimato de sus usuarios. Esto se logra a través de tecnologías como las firmas de anillo y las direcciones ocultas, que ofuscan la información del remitente, receptor y monto de la transacción. Monero es ampliamente utilizado por individuos y organizaciones que priorizan la privacidad en sus transacciones.

En términos de adopción y uso, Bitcoin sigue siendo la criptomoneda más reconocida y ampliamente aceptada. Su capitalización de mercado y volumen de transacciones superan con creces a las de otras criptomonedas. Sin embargo, cada una de las criptomonedas mencionadas ha encontrado su nicho y ha contribuido a la diversificación y evolución del ecosistema de criptomonedas.

Ethereum ha destacado en el desarrollo de aplicaciones descentralizadas y contratos inteligentes, creando un vasto ecosistema de proyectos DeFi (finanzas descentralizadas) y NFT (tokens no fungibles). Ripple ha sido adoptado por varias instituciones financieras para facilitar transacciones internacionales rápidas y económicas. Litecoin, con sus tiempos de transacción más rápidos, sigue siendo una opción popular para pagos en línea. Cardano se ha centrado en la escalabilidad y seguridad, atrayendo a un gran número de desarrolladores y usuarios interesados en contratos inteligentes avanzados y sostenibles.

A pesar de sus diferencias, todas estas criptomonedas comparten el objetivo común de descentralizar las finanzas y empoderar a los usuarios individuales. Cada una ha aportado innovaciones tecnológicas que han avanzado el campo de las criptomonedas y han ofrecido diferentes soluciones a problemas específicos. La competencia y colaboración entre estas criptomonedas han impulsado la innovación y han llevado a la creación de nuevas tecnologías y aplicaciones.

En conclusión, mientras que Bitcoin estableció el marco inicial para las criptomonedas, la década de 2010 vio la proliferación de muchas otras criptomonedas que ampliaron y diversificaron el ecosistema. Ethereum, Ripple, Litecoin, Cardano y Monero son solo algunos ejemplos de las innovaciones que surgieron, cada una abordando diferentes aspectos y desafíos del sistema financiero global. Este período de intensa innovación ha sentado las bases para el futuro de las criptomonedas y la tecnología Blockchain, y se espera que continúen evolucionando para satisfacer las necesidades de un mundo cada vez más digital e interconectado.

Bitcoin es la primera implementación de un concepto conocido como **moneda criptográfica**[9], la cual fue descrita por primera vez en 1998 por Wei Dai en la lista de correo electrónico *cypherpunks*. En su origen las criptomonedas utilizan una red distribuida para permitir el pago P2P — *Peer-to-Peer* — (entre pares, en español), un sistema de verificación de transacciones sin necesidad de terceros. Con el fin de mantener esta seguridad, las criptomonedas utilizan algoritmos matemáticos y un registro de contabilidad público (llamado *Blockchain*, o cadena de bloques, en español) para así, asegurar que cada transacción que se realiza sea legítima y evitar el fraude.

---

9. Actualmente no existe una definición de criptomoneda en el diccionario de la Real Academia de la Lengua Española. El diccionario de Oxford incluyó la definición de su traducción en inglés (*cryptocurrency*), definiéndolo como: «Una moneda digital que emplea técnicas de cifrado para reglamentar la generación de unidades de moneda y verificar la transferencia de fondos, y que opera de forma independiente de un banco central».

La primera especificación del protocolo *Bitcoin* y la prueba del concepto la publicó Satoshi Nakamoto en el 2009 en una lista de correo electrónico. *Bitcoin* es una red consensuada que **permite un nuevo sistema de pago y una moneda completamente digital**[10]. Es la primera red entre pares de pago descentralizado impulsado por sus usuarios sin una autoridad central o intermediarios.

La **tecnología *Blockchain*** constituye la base sobre la que se construyó *Bitcoin*, la idea originaria consistía en la creación de una moneda virtual contenida en un archivo informático y que podía ser transferida por su titular, mediante firma electrónica reconocida a un tercero, quien a su vez podría transferirla del mismo modo.

Bitcoin en sí misma **es un ejemplo de un contrato inteligente**, donde las reglas de juego están codificadas y aceptadas por sus participantes. *Bitcoin* tiene algunos *Smart Contracts* ya creados que se ejecutan por defecto y de manera transparente al usuario para formar acuerdos entre personas a través de la *Blockchain*. Y es que *Bitcoin*, entre todas sus ventajas, **permite añadir lógica al dinero**, ya que es dinero programable. Esta lógica aplicada al dinero nos permite resolver problemas comunes que podemos encontrarnos en la actualidad, pero aumentando el nivel de confianza a lo largo de todo el proceso automatizado en el que se desarrolla la interacción.

Los *Smart Contracts* **se sirven de la tecnología de *Bitcoin* para existir**, algo que le viene genial a *Bitcoin*, pues está haciendo que reciba mucha más atención trayendo cientos de miles de nuevos usuarios a su ecosistema.

Esta lógica que puede aplicarse a las transacciones *Bitcoin* se realiza a través del uso de todo un lenguaje propio, permitiendo que sea la misma *Blockchain quien* determine qué hacer en base a las indicaciones programadas. Esto quiere decir que tenemos una transacción con unas instrucciones de forma distribuida e inmutable, dando una seguridad completa y sin interpretaciones. No obstante, *Bitcoin* estaba pensado solo para ser una **herramienta financiera** es decir una criptomoneda.

Por el contrario, la tecnología con la que funciona *Bitcoin* el *Blockchain* o cadena de bloques, sí que hace posible los *Smart Contracts* (contratos inteligentes) y fue a principios de 2014, con la creación de *Ethereum*, cuando, por fin, pasaron a ser una realidad.

---

10. Más información acerca de *Bitcoin*, disponible en: https://bitcoin.org/es/faq#como-funciona-bitcoin.

2. BLOCKCHAIN

Blockchain significa «cadena de bloques», nació como actor secundario en la revolución del *Bitcoin*, ya que se trata de la tecnología o el **sistema de codificación de la información** que está por detrás de la moneda virtual y que sustenta toda su estructura.

La tecnología *Blockchain* constituye la base sobre la que se construyó *Bitcoin* que fue introducida por primera vez por su autor Satoshi Nakamoto[11] en su *White paper* publicado en 2008, fue varios años más tarde cuando se comenzó a analizar la posibilidad de hacer uso de dicha tecnología para algo más que el mero registro de transacciones económicas.

La cadena de bloques o ***Blockchain*** **es una inmensa base de datos** que se distribuye entre varios participantes. **Es un libro de registro** inmutable que contiene la historia completa de todas las transacciones que se han ejecutado en la red, a cada participante se le llama nodo, que en realidad viene a ser un ordenador más o menos potente.

Estos nodos se conectan en una red descentralizada, sin un ordenador principal, son redes llamadas P2P[12] que hablan entre sí usando el mismo lenguaje que transmiten un mensaje llamado *token*. La red P2P es una red de ordenadores en la que todos o algunos aspectos funcionan sin clientes ni servidores fijos, sino una serie de nodos que se comportan como iguales entre sí. Es decir, actúan simultáneamente como clientes y servidores respecto a los demás nodos de la red, permiten el intercambio directo de información, en cualquier formato, entre los ordenadores interconectados.

Normalmente este tipo de redes se implementan como redes superpuestas construidas en la capa de aplicación de redes públicas como Internet.

Un *token* (símbolo, señal o ficha) no es más que una **representación de la información que aloja la red**, la información viaja encriptada, gracias a lo cual puede estar distribuida sin que se revele su contenido, según va creciendo el número de transacciones la cadena de bloques ira creciendo, cada bloque contiene una huella digital.

La tecnología *Blockchain* está íntimamente relacionada con las criptodivisas o criptomonedas, pero también es válido para otro tipo de transacciones más allá de la economía, eso es lo que está intentando lograr desde sus inicios la

---

11. Satoshi Nakamoto es el nombre asignado a la persona o grupo de personas que crearon el protocolo *Bitcoin* y su software de referencia, *Bitcoin Core*. En 2009, lanzó el *software Bitcoin*, creando la red del mismo nombre y las primeras unidades de moneda, llamadas *Bitcoins*.
12. Una red *peer-to-peer,* red de pares, red entre iguales o red entre pares (*P2P*, por sus siglas en inglés).

plataforma *Ethereum*, que **tiene su propia cadena de bloques y su propia moneda, llamada *Ether*,** a diferencia de *Bitcoin*, las transacciones aquí son los contratos inteligentes, que pueden ser más o menos complejos y que permiten definir todo tipo de transacciones, que se mantendrán en la cadena de bloques, inalterables y accesibles durante toda la vida de esa cadena de bloques[13].

La tecnología Blockchain ha tenido un impacto profundo y significativo más allá del ámbito financiero, transformando diversas industrias al proporcionar una mayor transparencia, seguridad y eficiencia. Esta sección analiza el impacto de la tecnología Blockchain en algunas de las industrias no financieras más importantes.

Una de las primeras industrias en adoptar Blockchain fuera de las finanzas fue la logística y la cadena de suministro. Blockchain permite la creación de un registro inmutable de cada etapa en el proceso de envío, desde la producción hasta la entrega final. Esta visibilidad y trazabilidad mejoradas ayudan a reducir el fraude, mejorar la eficiencia y asegurar la autenticidad de los productos. Empresas como IBM y Maersk han desarrollado plataformas como TradeLens, que utilizan Blockchain para mejorar la eficiencia y transparencia en la cadena de suministro global.

En el sector de la salud, Blockchain ofrece una solución para la gestión segura y eficiente de los registros médicos. Los registros de salud electrónicos almacenados en una Blockchain pueden ser accesibles a los proveedores de atención médica autorizados en tiempo real, lo que facilita un mejor diagnóstico y tratamiento. Además, Blockchain puede mejorar la seguridad de los datos del paciente, reducir errores médicos y asegurar la integridad de los datos clínicos. Proyectos como MedRec están explorando el uso de Blockchain para mejorar la interoperabilidad y la seguridad de los registros médicos[14].

La industria alimentaria también se ha beneficiado de la tecnología Blockchain. Blockchain permite rastrear el origen y la ruta de los productos alimentarios desde la granja hasta la mesa, lo que mejora la seguridad alimentaria y la confianza del consumidor. Empresas como Walmart han implementado sistemas basados en Blockchain para rastrear productos frescos y asegurar su calidad y origen. Esta capacidad de rastreo puede ayudar a identificar rápidamente los puntos de contaminación en caso de brotes de enfermedades transmitidas por alimentos.

En el ámbito de la propiedad intelectual, Blockchain ofrece una forma de registrar y proteger derechos de autor y patentes. La tecnología permite a los

---

13. Más información acerca de los *blockchain* disponible en: https://www.blockchain.com
14. *Vid.*, AZARIA, A., EKBLAW, A., VIEIRA, T. y LIPPMAN, A., «MedRec. Using Blockchain for Medical Data Access and Permission Management», 2nd International Conference on Open and Big Data (OBD), 2016, pp. 25-30.

creadores registrar sus obras de manera inmutable y pública, lo que facilita la prueba de propiedad y la gestión de licencias. Esto es particularmente útil en la industria de la música, donde Blockchain puede asegurar que los artistas reciban una compensación justa por el uso de sus obras. Proyectos como Mycelia están utilizando Blockchain para gestionar los derechos de autor y las distribuciones de regalías.

El sector de la energía también está explorando el uso de Blockchain para crear mercados de energía más eficientes y descentralizados. Blockchain puede facilitar la creación de redes de energía peer-to-peer donde los usuarios pueden comprar y vender energía directamente entre sí. Esto puede ayudar a reducir costos y mejorar la eficiencia energética. Proyectos como Power Ledger están utilizando Blockchain para permitir transacciones de energía entre usuarios y para gestionar redes de energía renovable.

En el ámbito gubernamental, Blockchain tiene el potencial de mejorar la transparencia y la eficiencia en diversos procesos administrativos. Por ejemplo, puede ser utilizado para crear sistemas de votación más seguros y transparentes, donde cada voto se registra de manera inmutable y verificable. Además, Blockchain puede mejorar la gestión de registros públicos, como certificados de nacimiento, propiedad de tierras y registros de vehículos, asegurando su integridad y accesibilidad.

La industria del entretenimiento también ha visto un impacto significativo de la tecnología Blockchain. Además de su uso en la gestión de derechos de autor, Blockchain está siendo utilizada para crear plataformas de distribución de contenido más transparentes y justas. Esto permite a los creadores de contenido recibir una compensación directa y justa por su trabajo sin la necesidad de intermediarios. Proyectos como Vevue y SingularDTV están utilizando Blockchain para revolucionar la distribución de vídeos y música, asegurando que los creadores mantengan el control sobre su contenido y las ganancias que genera.

El sector inmobiliario está adoptando Blockchain para simplificar y asegurar las transacciones de bienes raíces. Blockchain puede ser utilizada para registrar títulos de propiedad de manera inmutable, lo que reduce el fraude y acelera el proceso de transferencia de propiedad. Además, puede facilitar las transacciones de bienes raíces a través de contratos inteligentes que se ejecutan automáticamente cuando se cumplen ciertas condiciones. Proyectos como Propy están utilizando Blockchain para realizar transacciones de bienes raíces de manera más eficiente y segura.

En resumen, la tecnología Blockchain ha demostrado ser una herramienta poderosa para transformar industrias más allá de las finanzas. Su capacidad para proporcionar transparencia, seguridad y eficiencia está siendo aprovechada por diversos sectores, desde la logística y la salud hasta la energía y el entretenimiento. A medida que la tecnología continúa evolucionando, es probable que veamos aún más innovaciones y aplicaciones de Blockchain en el futuro.

Su alcance es inmenso, ***Ethereum* podría sustituir básicamente a cualquier intermediario**, sustituyendo productos y servicios que dependen de terceros para estar totalmente descentralizados, hay muchas ideas que tratan de explotar las bondades de esta tecnología que tiene un alcance virtualmente ilimitado.

Veamos algunos **ejemplos de la aplicación de *Blockchain*:**

- **Consorcio R3:** las propias entidades financieras que muchos tratan de reemplazar con *Bitcoin* o *Ethereum* han creado el consorcio R3 para averiguar cómo aprovechar la cadena de bloques en los sistemas financieros tradicionales. Uno de los primeros problemas de la aplicación de este esquema es el anonimato que proporciona el diseño de la cadena de bloques, algo que han resuelto con el llamado «libro de contabilidad autorizado» una variante muy peculiar de la cadena de bloques de *bitcoin*, por ejemplo, que sí que identifica a los usuarios que añaden bloques y que hace que las transacciones del sistema solo puedan consultarse por ciertas partes. R3, un consorcio global de instituciones financieras también utiliza *Blockchain* para registrar, gestionar y sincronizar información financiera utilizando APIs de *Blockchain* para plataformas específicas [15].

- **Registro de propiedades:** el gobierno japonés ha iniciado un proyecto para unificar todo el registro de propiedades urbanas y rústicas con la tecnología de cadena de bloques, lo que permitiría contar con una base de datos abierta en la que se pudieran consultar los datos de los 230 millones de fincas y 50 millones de edificios que se estima existen en el país asiático. En Dubai están planeando algo muy parecido.

- **Pagos en el mundo real:** Un *startup* llamado *TenX* ha creado una tarjeta prepaga que se puede recargar con distintas criptodivisas para luego pagar con ella en cualquier sitio como si esa tarjeta tuviera dinero convencional, sin importar si ese establecimiento acepta o no este tipo de monedas virtuales.

- ***Carsharing*:** La empresa *EY*, subsidiaria de *Ernst & Young Global Ltd.* está desarrollando un sistema basado en la cadena de bloques que permite a empresas o grupos de personas acceder a un servicio para compartir coches de forma sencilla. El llamado *Tesseract* permitiría registrar quién es el propietario del vehículo, el usuario de ese vehículo y

---

15. R3 construye la tecnología *blockchain* para transformar la forma en que el mundo hace negocios, página web: https://www.r3.com

generar los costes basados en el seguro y otras transacciones en este tipo de servicios.

- **Almacenamiento en la nube:** Normalmente los servicios de almacenamiento están centralizados en un proveedor específico, pero la empresa *Storj* quiere descentralizar este servicio para mejorar la seguridad y reducir la dependencia de ese proveedor de almacenamiento.

- **Identidad digital:** los últimos y gigantescos fallos de seguridad y robos de datos han hecho que la gestión de nuestras identidades se convierta en un problema muy real. La cadena de bloques podría proporcionar un sistema único para lograr validar identidades de forma irrefutable, segura e inmutable. Hay muchas empresas desarrollando servicios en este ámbito, y todas ellas creen que aplicar la tecnología de la cadena de bloques para este propósito es una solución óptima.

- **Música:** Aunque hay críticas que afirman que esta opción no tiene validez, hay quien afirma que la distribución musical podría sufrir toda una revolución si se lograra implantar un sistema basado en la cadena de bloques para gestionar su reproducción, distribución y disfrute. La mismísima *Spotify* está apostando fuerte por su propia cadena de bloques.

- **Servicios públicos/gubernamentales:** otro de los ámbitos más interesantes de la aplicación de la cadena de bloques es en los servicios públicos que podrían presumir así de una transparencia absoluta. Las áreas de actividad son múltiples: desde la gestión de licencias, transacciones, eventos, movimiento de recursos y pagos, gestión de propiedades hasta la gestión de identidades. De hecho, el robo masivo de datos en *Equifax* ha hecho que algunos propongan la sustitución de los números de la seguridad social en Estados Unidos con un sistema basado en la cadena de bloques. Hay iniciativas incluso para «descentralizar el gobierno», y *Bitnation* es uno de esos proyectos que tratan de llamarnos convertirnos en «ciudadanos del mundo».

- **Seguridad social y sanidad:** aunque se podría englobar dentro de los servicios públicos mencionados, la sanidad pública podría sufrir una verdadera revolución con un sistema de cadena de bloques que sirviera para registrar todo tipo de historiales médicos y resolver uno de los problemas clásicos de la gestión de la sanidad.

- **Gestión de autorías:** aunque relacionado con lo mencionado para el mundo de la música, *Ascribe* es una plataforma que trata de ayudar a creadores y artistas a atribuirse la autoría de sus trabajos a través de la cadena de bloques. Hay otras muchas plataformas en este ámbito (*Bitproof, Blockai, Stampery*, por ejemplo) que entre otras cosas permiten generar tiendas en las que se puedan comprar trabajos originales de una forma segura y sencilla.

Son tan solo algunos ejemplos de la aplicación de la cadena de bloques a todo tipo de ámbitos, pero hay muchísimos más, la versatilidad de esta tecnología es tan enorme que es difícil pensar en un área que no pueda ser transformada por esta idea. De momento, todas estas ideas son solo proyectos en pleno desarrollo.

Uno de sus mayores potenciales está en los *Smart Contracts*, es decir, con la tecnología del *Blockchain* se podrán hacer acuerdos y transacciones de forma confiada sin revelar información confidencial entre las dos partes contratantes.

En función de los permisos requeridos para formar parte en una cadena de bloques, podemos distinguir **tres categorías:**

a. **Públicas:** Donde cualquiera puede descargar en su ordenador los programas necesarios y constituir un nodo y participar en el proceso de consenso, cualquiera que sea parte podrá enviar transacciones a través de Internet las cuales se incluirán en la cadena de bloques, a esta categoría pertenecen, por ejemplo: *Bitcoin, Etthereum,* Monero, *Dash*, y otros.

b. **Federadas o de consorcio:** En esta clase no permiten que cualquier persona pueda configurar un nodo en su PC y participar en el proceso de validación de las transacciones ya que se necesita permiso de acceso que suelen concederse a los miembros de un determinado colectivo como, por ejemplo: el colectivo de entidades financieras.

c. **Privadas:** En estas cadenas de bloques las autorizaciones para poder realizar transacciones son concedidas por organizaciones privadas que determinaran en que, condiciones permitirá la lectura de las transacciones realizadas.

Los expertos comparan la llegada del *Blockchain* con hitos como la integración de los ordenadores en el uso doméstico o el desarrollo de Internet, un sistema que cambiará nuestra forma de entender los negocios y la sociedad.

3. ETHEREUM

Ethereum fue propuesto por *Vitalik Buterin,* un desarrollador de criptomoneda. El desarrollo de este se logró gracias a una plataforma de financiamiento colectiva, operativa desde el 2015.

Ethereum es una red de cadena de bloque pública distribuida donde se ejecutan programas escritos en Solidity, que se enfoca en ejecutar el código de programación de cualquier aplicación descentralizada, es una plataforma para compartir información en todo el mundo que no puede ser manipulada o modificada que **permite la creación de acuerdos de contratos inteligentes** entre pares, **basada en el modelo** *Blockchain.*

Ethereum también provee una ficha de criptomoneda que se llama *ether.* Se puede intercambiar *ether* entre cuentas diferentes, es utilizado para compensar los nodos participantes por los cálculos realizados, es una moneda digital descentralizada, también conocida como ETH, impulsa la red *Ethereum* pagando tarifas de transacción y servicios computacionales. *Ether* está allanando el camino para una plataforma financiera más inteligente.

El desarrollo de Ethereum ha sido uno de los hitos más significativos en el ámbito de las criptomonedas y la tecnología Blockchain. También presentó una plataforma revolucionaria para el desarrollo de aplicaciones descentralizadas (DApps) y contratos inteligentes.

Ethereum fue concebido para superar las limitaciones de Bitcoin, que, aunque efectiva como moneda digital, no estaba diseñada para manejar aplicaciones más complejas. La principal innovación de Ethereum es la Máquina Virtual de Ethereum (EVM), una plataforma descentralizada que ejecuta contratos inteligentes. Estos contratos son programas autoejecutables que se ejecutan cuando se cumplen ciertas condiciones predefinidas. La EVM permite que cualquier persona escriba y distribuya contratos inteligentes y aplicaciones descentralizadas, lo que ha llevado a una explosión de innovación en el espacio de Blockchain.

El lenguaje de programación Solidity, desarrollado específicamente para Ethereum, es una herramienta clave que ha facilitado la creación de contratos inteligentes. Solidity es un lenguaje de alto nivel similar a JavaScript, que permite a los desarrolladores escribir contratos inteligentes que se ejecutan en la EVM. La accesibilidad y flexibilidad de Solidity han contribuido significativamente a la popularidad de Ethereum y al desarrollo de una amplia gama de aplicaciones descentralizadas.

Desde su lanzamiento, Ethereum ha inspirado el surgimiento de numerosas plataformas basadas en Blockchain, cada una con características y objetivos únicos. Por ejemplo, EOS.IO, lanzada en 2018, se diseñó para abordar algunas de las limitaciones de Ethereum, como la escalabilidad y las tarifas de transacción. EOS.IO utiliza un modelo de consenso de prueba de participación delegada (DPoS), que permite transacciones más rápidas y económicas. Esta plataforma ha atraído a desarrolladores que buscan construir aplicaciones descentralizadas con un alto rendimiento y eficiencia.

Otra plataforma influyente inspirada por Ethereum es Cardano (ADA), fundada por Charles Hoskinson, uno de los cofundadores de Ethereum. Cardano se distingue por su enfoque en la investigación académica y la revisión por pares para el desarrollo de su protocolo. Utiliza un algoritmo de consenso de prueba de participación (PoS) llamado Ouroboros, que está diseñado para ser más seguro y eficiente que los modelos anteriores. Cardano se centra en crear una infraestructura robusta para contratos inteligentes y aplicaciones descentralizadas que sean sostenibles a largo plazo.

Polkadot (DOT), creado por Gavin Wood, otro cofundador de Ethereum es una plataforma que permite la interoperabilidad entre diferentes Blockchains. Polkadot facilita la comunicación entre cadenas de bloques separadas, permitiendo la transferencia de cualquier tipo de dato o activo, no solo tokens. Esta capacidad de interoperabilidad está diseñada para construir una «red de redes», donde múltiples Blockchains pueden trabajar juntas de manera coherente. Polkadot también utiliza un modelo de consenso de prueba de participación nominada (NPoS) para garantizar la seguridad y la escalabilidad de la red.

Binance Smart Chain (BSC) es otra plataforma que ha ganado tracción, especialmente debido a su capacidad para ejecutar contratos inteligentes y DApps de manera eficiente y económica. BSC se lanzó en 2020 y es compatible con la EVM, lo que permite a los desarrolladores migrar fácilmente sus aplicaciones desde Ethereum. Binance Smart Chain ha sido popular en el ámbito de las finanzas descentralizadas (DeFi) debido a sus bajas tarifas de transacción y alta velocidad de procesamiento.

Además de estas plataformas, Ethereum ha influido en el desarrollo de muchos otros proyectos y tecnologías en el ecosistema de Blockchain. Por ejemplo, las Organizaciones Autónomas Descentralizadas (DAO), que son organizaciones dirigidas por contratos inteligentes en lugar de líderes humanos, se popularizaron gracias a Ethereum. Las DAO utilizan contratos inteligentes para automatizar decisiones y transacciones, reduciendo la necesidad de intermediarios y aumentando la transparencia.

Ethereum también ha sido fundamental en el auge de los tokens no fungibles (NFT), que son activos digitales únicos representados en la Blockchain. Los NFTs han transformado industrias como el arte, los videojuegos y los coleccionables digitales, permitiendo a los creadores monetizar su trabajo de manera directa y segura. La norma ERC-721 de Ethereum es el estándar más utilizado para la creación de NFTs, y su implementación ha dado lugar a un mercado multimillonario.

4. SOLIDITY

Solidity **es un lenguaje de programación de alto nivel** cuya síntesis es similar a otro de los lenguajes de programación más usados hoy en día como es JavaScript. Este lenguaje está diseñado y compilado en código de *bytes* (*bytecode*) **para crear y desarrollar contratos inteligentes** que se ejecuten en la Máquina Virtual *Ethereum*. Mediante *Solidity*, los desarrolladores pueden escribir aplicaciones descentralizadas que implementen **automatizaciones en los negocios a través de los *Smart Contracts***, dejando un registro irrefutable y autorizado de las transacciones.

Solidity es el lenguaje de programación más conocido y utilizado para la creación de contratos inteligentes en la plataforma Ethereum. Desde su creación, ha facilitado el desarrollo de aplicaciones descentralizadas (DApps) y contratos inteligentes gracias a su diseño y características.

Parte de un Smart Contract de un contrato notarial a cambio de ethers

```
Code    Blame    129 lines (109 loc) · 3.08 KB

  1    pragma solidity ^0.4.16;
  2
  3    contract Notary {
  4
  5        struct Document {
  6            string documentToSign;
  7            address[] signatures;
  8
  9        }
 10
 11        address public owner;
 12        Document[] public documents;
 13        int public lastId = -1;
 14        uint256 documentCreationPrice = 0.001 ether;
 15        uint256 signaturePrice = 0.0001 ether;
 16
 17        address[] temp;
 18
 19        event DocumentCreated(string _description, int _id, address _user, uint256 _time);
 20        event DocumentSigned(int _id, address _user, uint256 _time);
 21
 22        function Notary() {
 23            owner = msg.sender;
 24        }
 25
 26        function createDocument(string _document) payable {
 27            lastId += 1;
 28            if(msg.value != documentCreationPrice) {
 29                revert();
 30            }
 31            temp.push(msg.sender);
 32            documents.push(Document({
 33                documentToSign: _document,
 34                signatures: temp
 35            }));
```

Fuente: https://github.com/magonicolas/Ethereum-Solidity/blob/master/Notary.sol

Uno de los principales atractivos de Solidity es su familiaridad para los desarrolladores web, lo que facilita la transición y adopción para aquellos con experiencia en JavaScript y otros lenguajes similares. Además, Solidity soporta una amplia gama de tipos de datos y estructuras, lo que permite a los desarrolladores crear contratos inteligentes complejos y versátiles. La accesibilidad y la rica documentación disponible han contribuido significativamente a su popularidad.

Uno de los competidores más destacados de Solidity es Vyper, otro lenguaje de programación para contratos inteligentes en Ethereum. Vyper se diseñó para ser más simple y seguro que Solidity, eliminando características complejas y potencialmente peligrosas. A diferencia de Solidity, que es similar a JavaScript, Vyper se asemeja a Python, lo que lo hace atractivo para los desarrolladores que prefieren la sintaxis y simplicidad de Python. Sin embargo, Vyper tiene menos funcionalidades que Solidity y su ecosistema de herramientas es menos desarrollado. Esta simplicidad, sin embargo, puede ser vista como una ventaja cuando la seguridad es una prioridad absoluta, ya que reduce la superficie de ataque potencial de los contratos inteligentes.

Otro lenguaje de programación para contratos inteligentes es Michelson, utilizado en la plataforma Tezos. Michelson es un lenguaje de bajo nivel que se diferencia de Solidity y Vyper en que está diseñado para la verificación formal de contratos inteligentes. La verificación formal es un proceso matemático que garantiza que el código del contrato hará exactamente lo que se espera de él, sin errores ni vulnerabilidades. Aunque esto proporciona un alto nivel de seguridad, también significa que Michelson es más difícil de aprender y utilizar para los desarrolladores, lo que puede limitar su adopción.

Por otro lado, Plutus es el lenguaje de programación para contratos inteligentes en la plataforma Cardano. Plutus está basado en Haskell, un lenguaje conocido por su fuerte enfoque en la programación funcional y la seguridad. Plutus permite a los desarrolladores escribir contratos inteligentes y DApps con un alto grado de confianza en su corrección y seguridad. Sin embargo, Haskell y, por ende, Plutus, tienen una curva de aprendizaje empinada, lo que puede ser un obstáculo para los desarrolladores.

Move es el lenguaje de programación desarrollado por Facebook (ahora Meta) para su plataforma de Blockchain, Diem (anteriormente conocida como Libra). Move está diseñado para ser seguro y flexible, permitiendo la creación de contratos inteligentes que son verificables formalmente. A diferencia de Solidity, que se centra en la flexibilidad y funcionalidad, Move pone un gran énfasis en la seguridad y la prevención de errores comunes en contratos inteligentes, como los desbordamientos de enteros.

Además de los mencionados, existen otros lenguajes como Scilla, utilizado en la plataforma Zilliqa, y DAML, desarrollado por Digital Asset para contratos inteligentes en diversas plataformas de Blockchain. Scilla está diseñado para ser intermedio entre alto y bajo nivel, facilitando la verificación formal sin ser tan complejo como Michelson. DAML, por otro lado, es un lenguaje de alto nivel que se enfoca en la simplicidad y la facilidad de uso, permitiendo a los desarrolladores escribir contratos inteligentes de manera rápida y eficiente.

Comparando estos lenguajes, Solidity destaca por su amplio uso y soporte en la comunidad de desarrolladores de Ethereum. La robusta comunidad y el ecosistema de herramientas desarrolladas para Solidity hacen que sea una opción muy atractiva para los desarrolladores. Sin embargo, su flexibilidad puede llevar a errores si no se maneja adecuadamente, lo que ha llevado a incidentes notables de seguridad en el pasado, como el hackeo de The DAO en 2016.

Solidity es un lenguaje ***Turing Complete,* el lenguaje de programación de los contratos inteligentes** es el término Turing Complete aplicado a la tecnología *Blockchain* y especialmente a los contratos inteligentes, es la capacidad que tiene un lenguaje informático para resolver cualquier problema computacional y para añadir reglas complejas como los bucles que es una instrucción de repetición que permite que los programas puedan **realizar,** como su nombre indica, **tareas repetitivas por código.**

Resumiendo, este apartado podemos sintetizar que el mundo de las criptomonedas tuvo sus inicios con la creación de *Bitcoin* en 2009 y junto a él llegó la tecnología *Blockchain* que es una base de datos distribuida que contenía los registros de todas las transacciones que se realizaban en la red. Pocos años más tarde, gracias a *Ethereum,* llegó un proyecto mucho más potente y con mayores usos que el de ser un sistema de pago y una moneda digital descentralizada, como en el caso de *Bitcoin*. La gran baza de *Ethereum* respecto a éste, son los llamados *Smart Contracts* que se desarrollan con un lenguaje informático llamado *Solidity*.

Concepto y características de los *Smart Contracts*

III.1. CONCEPTO

Smart Contract es un término en inglés que significa «contrato inteligente», son programas informáticos que ejecutan acuerdos establecidos entre dos o más partes cuando se da una condición programada con anterioridad. Es decir, son contratos que se ejecutan y se hacen cumplir a sí mismos de manera automática y autónoma.

Los *Smart Contracts* **son programas informáticos**, y como tal están escritos en código, siguiendo un lenguaje de programación de *software* en el que se ejecutan una serie de órdenes que son anteriormente establecidas. La ejecución no está condicionada a matiz o interpretación alguna, sus parámetros son claros como (si se da la condición A entonces se dará la consecuencia B). Se basa en reglas lógicas, estas condiciones y consecuencias se registrarán en la red *Blockchain* y por tanto los nodos de la red únicamente validarán las transacciones que impliquen si la mayoría de ellos constatan que la condición se ha cumplido.

En palabras de uno de sus fundadores: «los *Smart Contracts* son una forma para que personas de todo el mundo hagan negocios entre sí, incluso si no hablan el mismo idioma o no utilizan la misma moneda».

Para que los *Smart Contracts* se ejecuten **necesitan** instrucciones escritas en **código** cuyo lenguaje de programación es *Solidity*.

Por otro lado, existen muchas organizaciones que van definiendo este tipo de contratos, así podemos mencionar la definición que realiza la Comisión Jurídica del Reino Unido, que define los *Smart Contracts* como la tecnología que funciona en Blockchain y mediante la cual los contratos legales se pueden ejecutar automáticamente, al menos en parte[16].

Descripción de la creación y ejecución de un Smart Contract

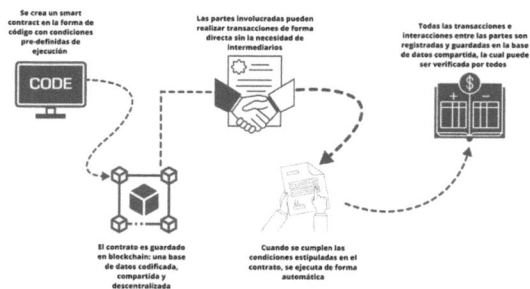

Fuente: https://www.linkedin.com/pulse/los-contratos-inteligentes-podr%C3%ADan-llevarnos-hacia-un-daniel/

Podríamos definir, los *Smart Contracts* como secuencias de instrucciones o indicaciones que serán utilizadas, de forma directa o indirecta, en un sistema informático, con el objetivo de realizar algunas prestaciones de un contrato, con la particularidad de que, una vez activadas, las partes dejan de tener el control de su cumplimiento, ya que se realizará por sí mismo.

III.2. CARACTERÍSTICAS

Los *Smart Contracts* viven en una atmósfera no controlada por ninguna de las partes implicadas en el contrato, en un sistema descentralizado. Esto significa que se programan las condiciones, se firman por ambas partes implicadas y se coloca en un *Blockchain* para que no pueda modificarse.

Estos contratos, por su especial naturaleza, reúnen unas características específicas, que señalamos a continuación:

- Los *Smart Contracts* **son autónomos**, no necesitan un tercero para ejecutarse, sino que lo hacen automáticamente, esto implica que no pueden ser manipulados por agentes externos a la relación contractual.

---

16. La Comisión Jurídica del Reino Unido incluye una sección dedicada a un proyecto de investigación sobre contratos inteligentes, así lo señala en su informe Anual 2017-2018, publicado el 19 de julio, disponible en: https://assets.publishing.service.gov.uk/government/uploads/system/uploads/attachment_data/file/727386/6.4475_LC_Annual_Report_Accounts_201718_WEB.PDF

- **Son seguros,** en tanto ejecutan operaciones firmadas por ambas partes, siempre y cuando la identificación de las partes sea lo suficientemente estricta.

- Como en toda tecnología *Blockchain* los contratos se registran en una red descentralizada por lo que **no requieren de un organismo regulador** que verifique las transacciones que de ellos se deriven.

- **Estas transacciones son públicas**, no así las identidades de las partes. Asimismo pueden considerarse transacciones seguras, dado que son irreversibles e inmutables, sería virtualmente imposible *hackear* todos los nodos de la red al mismo tiempo para tratar de falsear una operación.

- **Son transacciones extraordinariamente veloces** puesto que las pueden darse de manera casi instantánea al verificarse el cumplimiento de la condición en cuestión.

- Los *Smart Contracts* **pueden ejecutarse por sí mismos** sin necesidad de que terceras personas los interpreten ni los validen. Esta es una de las grandes novedades que presenta este tipo de pacto.

- El *Smart Contract* es un robot virtual que **trabaja en favor** y de acuerdo con lo estipulado por las partes implicadas en el contrato.

- El uso de *Smart Contract* está especialmente indicado para Internet y para empresas que operan en diferentes jurisdicciones combinadas en sus negocios.

- La gran mayoría de dispositivos *Smart que* ya funcionan hoy como ser, coches, relojes, ordenadores, televisión y otros, son capaces de ejecutar contratos inteligentes con su conexión a Internet.

Tienen como objetivo principal:

- Implementar un estado de seguridad mayor al del contrato tradicional.

- Reducir costes.

- Reducir el tiempo asociado a este tipo de interacciones.

- Buscan mejorar los contratos actuales siendo más seguros, más baratos, ahorrar tiempo y evitar fraudes.

Uno de los casos de uso más avanzados de *Smart Contracts* se encuentra en la industria de los seguros. Los *Smart Contracts* pueden automatizar y agilizar el proceso de reclamación de seguros, reduciendo el tiempo y los costos asociados. Por ejemplo, en el caso de seguros de viaje, un *Smart Contract* puede estar vinculado a datos de vuelo y activarse automáticamente para emitir un pago si un vuelo se retrasa o se cancela. Esto elimina la necesidad de que los clientes presenten reclamaciones manualmente y acelera el proceso de compensación, mejorando la experiencia del cliente y reduciendo el riesgo de fraude.

En el sector inmobiliario, los *Smart Contracts* están revolucionando la forma en que se compran, venden y alquilan propiedades. Los contratos inteligentes pueden automatizar la transferencia de propiedad y fondos una vez que se cumplen todas las condiciones del contrato, como la verificación de fondos y la inspección de la propiedad. Esto no solo agiliza el proceso de transacción, sino que también reduce el riesgo de fraude y errores. Además, los *Smart Contracts* pueden gestionar acuerdos de alquiler, asegurando que los pagos se realicen automáticamente y que los términos del contrato se cumplan sin necesidad de intervención manual.

Esquema de Smart Contract para la venta de un inmueble

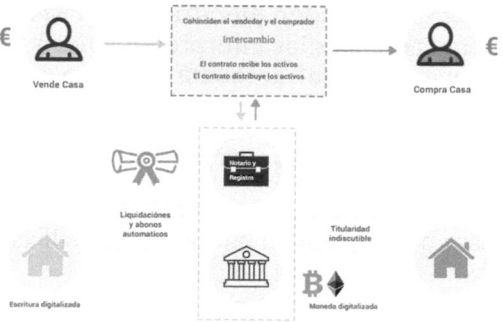

Fuente: https://blog.inviertispro.com/smart-contract-blockchain/

La industria del entretenimiento también se ha beneficiado de la implementación de *Smart Contracts*, especialmente en la gestión de derechos de autor y distribución de contenido. Los artistas y creadores pueden utilizar *Smart Contracts* para asegurar que reciben una compensación justa y automática cada vez que se utiliza su trabajo. Por ejemplo, una canción distribuida a través de una plataforma basada en Blockchain puede tener un *Smart Contract* que distribuye automáticamente los pagos a los músicos, productores y otros contribuyentes cada vez que la canción se reproduce o se descarga.

En el ámbito de la salud, los *Smart Contracts* pueden mejorar la gestión de los registros médicos y la administración de tratamientos. Los registros de salud almacenados en una Blockchain pueden ser accesibles a los proveedores de atención médica autorizados, lo que facilita un mejor diagnóstico y tratamiento. Además, los *Smart Contracts* pueden automatizar procesos administrativos, como la facturación y el pago de servicios médicos, asegurando que se realicen de manera precisa y oportuna. Esto puede reducir significativamente la carga administrativa y los costos asociados, al tiempo que mejora la calidad de la atención al paciente.

El comercio internacional es otro sector donde los *Smart Contracts* están demostrando su valor. Las transacciones internacionales suelen involucrar múltiples partes y procesos complejos que pueden ser propensos a retrasos y errores. Los *Smart Contracts* pueden automatizar estos procesos, desde la verificación de documentos hasta la liberación de pagos, una vez que se cumplen todas las condiciones del acuerdo. Esto no solo aumenta la eficiencia, sino que también reduce los costos y el riesgo de fraude. Además, los *Smart Contracts* pueden proporcionar un registro inmutable de todas las transacciones, lo que facilita la auditoría y el cumplimiento normativo.

En el ámbito de la cadena de suministro, los *Smart Contracts* están transformando la forma en que se rastrean y gestionan los productos. Un *Smart Contract* puede registrar cada paso del proceso de producción y envío, proporcionando una visibilidad completa y en tiempo real de la cadena de suministro. Esto no solo mejora la eficiencia operativa, sino que también ayuda a identificar rápidamente cualquier problema o retraso. Además, los consumidores pueden verificar la autenticidad y el origen de los productos que compran, lo que mejora la confianza en la marca y la transparencia.

Los *Smart Contracts* también están teniendo un impacto significativo en la industria energética, facilitando la creación de redes de energía descentralizadas. Los usuarios pueden comprar y vender energía entre sí a través de *Smart Contracts*, lo que fomenta el uso de fuentes de energía renovable y reduce la dependencia de las grandes compañías energéticas. Por ejemplo, en un vecindario con paneles solares, los residentes pueden vender el exceso de energía a sus vecinos utilizando *Smart Contracts*, lo que optimiza el uso de recursos y reduce los costos.

En el sector de la logística, los *Smart Contracts* están mejorando la eficiencia y la transparencia de las operaciones. Los contratos inteligentes pueden automatizar el seguimiento y la verificación de envíos, liberando pagos automáticamente una vez que los productos llegan a su destino y se cumplen todas las condiciones del contrato. Esto reduce los costos administrativos y el riesgo de disputas, asegurando que todas las partes involucradas en la cadena de suministro cumplan con sus obligaciones de manera oportuna y precisa.

Además, en el ámbito gubernamental, los *Smart Contracts* tienen el potencial de mejorar la transparencia y la eficiencia de los servicios públicos. Por ejemplo, pueden ser utilizados para crear sistemas de votación más seguros y transparentes, donde cada voto se registra de manera inmutable en una Blockchain. También pueden gestionar la distribución de fondos y recursos públicos, asegurando que se utilicen de manera eficiente y conforme a las leyes y regulaciones establecidas.

En el sector de la educación, los *Smart Contracts* pueden facilitar la emisión y verificación de certificados académicos y credenciales. Las instituciones educativas pueden emitir diplomas y certificados en una Blockchain, lo que permite a los empleadores y otras instituciones verificar su autenticidad de manera rápida y sencilla. Además, los *Smart Contracts* pueden gestionar el registro y la matrícula de estudiantes, automatizando procesos administrativos y reduciendo la carga de trabajo para el personal académico.

En conclusión, los *Smart Contracts* están demostrando ser una herramienta poderosa para transformar múltiples industrias. Su capacidad para automatizar procesos, asegurar la transparencia y reducir el riesgo de fraude los hace ideales para una amplia gama de aplicaciones. A medida que la tecnología Blockchain continúa evolucionando, es probable que veamos aún más innovaciones y casos de uso avanzados de *Smart Contracts* en el futuro.

III.3. BENEFICIOS DE LOS *SMART CONTRACTS*

Las ventajas son varias, podemos resumirlas en tres palabras: **autonomía, seguridad y confianza**. Utilizando los *Smart Contracts* ya no resulta necesario recurrir a un tercero, los *Blockchain* son capaces de resguardar la información en una red cifrada que puede consultarse desde cualquier lugar del mundo, por lo que la velocidad y seguridad saltan a la vista.

Los *Smart Contracts* usan todos los beneficios de la tecnología «Blockchain», que son los siguientes:

- **Autonomía:** Estos contratos se dan siempre entre una o varias personas o entes legales, pero **sin ningún intermediario.** No es necesario alguien que valide el contrato, por ello reducen, e incluso pueden llegar a eliminar cualquier persona *extra* que no esté implicada en el contrato.

- **Costes:** Al ser contratos en los que no se depende de un tercero, **se reducen los costes.** Menos intervención humana resulta en costes reducidos.

- **Confianza:** Todos los contratos inteligentes van directos a la cadena de bloques. Esto hace que esté **encriptado**, por lo que solo las personas implicadas pueden leerlo, y permite la interacción entre personas que no se conocen entre sí sin que haya riesgo de estafa.

- **Velocidad:** Los contratos inteligentes **utilizan código de *software*** para automatizar las tareas que de otro modo se realizarían por medios manuales. Por lo tanto, aumentan la velocidad de los procesos de nego- cio y son menos propensos a errores manuales.

- **Seguridad:** Al basarse estos contratos inteligentes en la cadena de bloques pública de Ethereum no se pueden perder. Todo queda regis- trado de forma inmutable, nada ni nadie lo puede hacer desaparecer y siempre se tiene acceso a ellos. El **proceso de ejecución descentra- lizado** elimina el riesgo de manipulación, ya que la ejecución es ges- tionada automáticamente por toda la red, en lugar de por una parte individual.

- **Nuevos modelos de negocio:** Los contratos inteligentes, a través de sus **bajos costos** para asegurar transacciones confiables, permiten **nuevos tipos de negocios** como el acceso automatizado a vehículos y unidades de almacenamiento[17]. Esto puede abrir nuevas vías de emprendimiento si lo juntamos con otras tendencias emergentes como el Internet de las cosas (IoT)[18].

Beneficios de los Smart Contracts

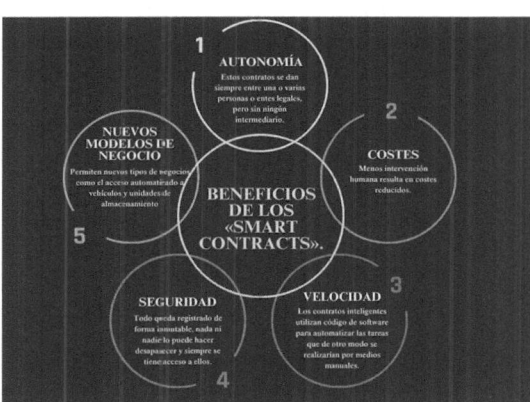

Fuente: Elaboración propia

---

17. *Vid.* ALLISON, I., «Los autos RWE y Slock.it-Electric que usan billeteras Ethereum pueden recargarse por inducción en los semáforos», en *International Business Times*, 22 de febrero de 2016, www.ibtimes.co.uk/rwe-slock-it-electric-cars —using-ethereum-wallets-can- recargar-por-inducción-traffic-lights-1545220
18. *IoT* es una abreviación de *Internet of Things* (Internet de las cosas) es un concepto que se refiere a la interconexión digital de objetos cotidianos con Internet.

III.4. DESVENTAJAS DE LOS *SMART CONTRACTS*

La tecnología de contrato inteligente todavía está en sus primeras etapas. Los líderes empresariales y tecnológicos que quieran mantenerse al día sobre las implicaciones de los contratos inteligentes deben hacer un seguimiento de la tecnología y los desarrollos comerciales relacionados con los contratos inteligentes para poder implementarlos en la actividad comercial y su uso se generalice.

Por otro lado, este tipo de programas también tienen ciertas **desventajas**, o más bien obstáculos que superar, que son los siguientes:

- **Escalabilidad.** Las plataformas de contrato inteligente aún se consideran **no probadas** en términos de escalabilidad. Las Blockchains públicas, como Ethereum, tienen limitaciones en cuanto a la cantidad de transacciones que pueden procesar por segundo. Esto puede llevar a congestión en la red y altas tarifas de transacción, lo que puede ser un obstáculo para aplicaciones de gran escala.

- **La información externa.** Debido a que los contratos inteligentes solo pueden hacer referencia a la información de la cadena de bloques, se **necesitarán servicios de datos confiables**, conocidos como «oráculos», que puedan enviar información a la cadena de bloques. Los enfoques para crear oráculos aún están emergiendo.

- **Factor humano:** El código **está escrito por personas** y pueden cometer errores. Estos programas son delicados, y si se da un error en su programación (*bug*) es posible que un tercero con malas intenciones robe los fondos almacenados en el contrato. Ya sucedió con DAO hace unos años atrás, los errores de los desarrolladores en el código fueron costosos para los usuarios y la empresa: algunos piratas informáticos explotaron los errores y robaron unos $ 60 millones.

- **Difícil modificación de condiciones:** Si el *Smart Contracts* está en el *Blockchain*, **no podría ser cambiado** ya que la tecnología *Blockchain* es más que segura, pero es inmutable, por lo que una vez acordados los términos no se pueden cambiar, algo ciertamente desventajoso para un contrato. Para solucionar esto se están desarrollando soluciones, la plataforma *Accenture*, está construyendo una *Blockchain* editable.

- **Privacidad.** El código dentro de los *Smart Contracts* es visible para todas las partes dentro de la red, lo que puede no ser aceptable para algunas aplicaciones.

- **Estado legal incierto:** Actualmente, los *Smart Contracts* no están regulados, por lo que los Estados deberán de implementar su regulación lo cual podría generar algunos problemas en su adaptación.

- **Costos de implementación:** Los *Smart Contracts* no se pueden realizar sin programación. Es esencial tener un codificador experimentado en el personal para hacer contratos inteligentes a prueba de fallos y adoptar la estructura interna de la empresa para la tecnología *Blockchain*.

- La dependencia de la tecnología subyacente: Los *Smart Contracts* dependen de la infraestructura de la Blockchain para su ejecución y seguridad. Si la Blockchain subyacente enfrenta problemas técnicos, ataques o fallos, los contratos inteligentes también se verán afectados. Es crucial elegir plataformas de Blockchain bien establecidas y con un historial comprobado de seguridad y estabilidad.

- Adopción y aceptación por parte de los usuarios y las empresas: La falta de comprensión y conocimiento sobre cómo funcionan los *Smart Contracts* puede ser una barrera para su adopción. Es esencial educar a los usuarios y las empresas sobre los beneficios y riesgos de los *Smart Contracts*, y proporcionar herramientas y recursos que faciliten su implementación y uso seguro.

III.5. FUNCIONAMIENTO DE LOS *SMART CONTRACTS*

Un *Smart Contract* funciona con la forma en que las partes configuran los términos del contrato, éste se almacena en *Ethereum* y cuando se dan los términos descritos, el sistema ejecuta el contrato y se dan las consecuencias descritas en el mismo. Su funcionamiento se puede comparar con el trabajo de las máquinas expendedoras, las cuales ejecutan solo las instrucciones que se les dan automáticamente.

Los activos y los términos del contrato se codifican y se colocan en el bloque de un *Blockchain*, este contrato se distribuye y se copia varias veces entre los nodos de la plataforma, después de que ocurra el desencadenante, el contrato se realiza de acuerdo con los términos suscritos. El programa verifica la implementación de los compromisos de forma automática, mediante los Oráculos *Oracle*.

1. LOS ORÁCULOS (ORACLE)

Esta herramienta permite actualizar el estado de los *Smart Contracts* (contratos inteligentes) con información externa, generalmente obtenida a través de *APIs*, por ejemplo, obtener los precios de las divisas, la cotización de las acciones o si ganó el equipo A o el B, la fuente de ese oráculo sigue siendo una tercera parte, un intermediario fuera de la *Blockchain* y fuera del contrato y por tanto sujeto a la confianza. Este es un problema que resolver, pues precisamente lo que se quiere eliminar con los *Smarts Contracts* y la *Blockchain* es la necesidad de un tercero de confianza, ya existen opciones para ello, algunos proyectos, como *Oraclize*, comparan la información de todas las fuentes que se les indique para determinar su validez.

2. FUNCIÓN MULTIFIRMA

La función multifirma en los *Smart Contracts* es una función a través de la cual dos o más personas ponen de acuerdo para hacer cumplir las condiciones de un contrato. Esta permite configurar el contrato para que todas las partes tengan el deber de aprobar una transacción, de este modo, una sola de ellas no puede disponer de los fondos.

3. DOBLES DEPÓSITOS EN LOS CONTRATOS INTELIGENTES

Esta es otra característica de los *Smart Contracts* que hace que funcionen correctamente, eliminando al intermediario del proceso. Permite a dos o más partes que no se conocen entre sí y que carecen de confianza el uno en el otro, realizar una transacción segura para ambos a través de un contrato inteligente. Este contrato les obliga a depositar en una dirección de la cadena de bloques unos fondos para el cumplimiento del contrato.

El contrato tiene una duración determinada, y si no llegan a un acuerdo, el contrato inteligente mandará directamente los fondos que ambas partes tuvieron que abonar a otra dirección de la cadena de bloques de la que nadie podrá sacarlos nunca. Lo que hace esta condición es forzar a cumplir a cada uno con su parte del contrato de lo contrario, los fondos desaparecerían.

En conclusión, este doble depósito hace que sea imposible que una de las partes gane sin que la otra lo haga, es decir, no se dan engaños y hace que la gente llegue a acuerdos amistosos.

III.6. PLATAFORMAS Y PROYECTOS QUE USAN LOS *SMART CONTRACTS*

Los líderes tecnológicos prevén muchas aplicaciones para contratos inteligentes basados en *Blockchain*, desde la validación de la elegibilidad del préstamo hasta la ejecución de acuerdos de precios de transferencia entre subsidiarias. Las aplicaciones posibles a este modelo de contratación son muy variadas. Se puede usar *Smart Contracts* en múltiples transacciones.

Antes de mencionar algunas de las plataformas y proyectos qué también hacen uso de los *Smart Contracts* con su propia moneda alternativa, es importante destacar el papel del proyecto Counterparty y Rootstock, quienes quieren llevar los *Smart Contracts* de nueva generación a Bitcoin.

1. COUNTERPARTY

Counterparty nace en 2014, es una plataforma open source (código abierto) en la que se pueden desarrollar aplicaciones P2P, inicialmente orientadas al sector financiero, sobre la *Blockchain* de *Bitcoin*, actualmente el protocolo implementa y soporta la creación de activos, la emisión de bonos de esos activos, pago de dividendos, el comercio de activos usando un mercado descentralizado, las apuestas binarias. Su protocolo de código abierto, además de permitir crear y operar con activos digitales, **también permite escribir contratos inteligentes,** permitiendo transformar muchas de las acciones del mundo real en código que funcionan de forma automática sin necesidad de intermediarios y resistente a fallos[19].

Aunque el interés en los *Smart Contracts* más potentes se viene anunciando desde el inicio del proyecto, su introducción dentro de Counterparty es reciente el cual **permitirá ejecutar contratos inteligentes idénticos a los de Ethereum,** pero sobre la red de Bitcoin, permitiendo una diversidad de aplicaciones enorme como Organizaciones Autónomas Descentralizadas (DAOs), sistemas de identidad, sistemas de votación basados en consenso, entre otras. Counterparty utiliza el mismo lenguaje de programación que de los *Smart Contracts*, llamado *Solidity*[20]. Para poder ejecutar los contratos se utiliza la moneda de Counterparty, que es el XCP, esta moneda se utiliza para ofrecer algunas posibilidades que no son técnicamente posibles por el momento utilizando BTC (*Bitcoins*).

2. ROOTSTOCK (RSK)

RSK **es la primera plataforma de contrato inteligente de código abierto** con una vinculación bidireccional a *Bitcoin* que también recompensa a los mineros de *Bitcoin* a través de *merge-mining*, lo que les permite participar activamente en la revolución de los *Smart Contracts*.

El objetivo de *RSK* **es agregar valor y funcionalidad al ecosistema de** *Bitcoin* al permitir contratos inteligentes, pagos casi instantáneos y mayor escalabilidad Rootstock (conocido como el *Ethereum* de *Bitcoin*)[21] es otra de las plataformas intentando llevar *Smart Contracts* para aprovechar así el efecto red y la seguridad de *Bitcoin* sin necesidad de crear algo de cero.

---

19. *Counterparty*, la tecnología para herramientas financieras descentralizadas en la cadena de bloques Bitcoin, ha comenzado a ejecutar los contratos inteligentes de *Ethereum* transfiriendo la máquina virtual *Ethereum* (EVM) a su base de código, más información disponible en: https://www.ccn.com/counterparty-brings-ethereum-smart-contracts-to-the-bitcoin-blockchain

20. Más información disponible en: http://solidity.readthedocs.io/en/latest/introduction-to-smart-contracts.html

21. *Rootstock* ya ha conseguido 1 millón de dólares en su última ronda de financiación por parte del Digital Currency Group (DGC), más información disponible en: https://www.rsk.co

RootStock se sirve de cadenas laterales (*sidechain*)[22], conectadas a la cadena de *Bitcoin*, y su *token Roots*, el cual servirá solo para ser intercambiado por *Bitcoins*. Pese a ser relativamente nuevo, «Rootstock» ya ha conseguido 1 millón de dólares en su última ronda de financiación por parte del *Digital Currency Group* (DGC). RSK escala a 100 transacciones por segundo (el mismo nivel que *PayPal*) sin sacrificar la descentralización y reducir el uso de almacenamiento y ancho de banda usando verificación probabilística y pruebas de fraude, así como las técnicas de fragmentación de cadenas de bloques.

3. *SMART CONTRACTS* EN ETHEREUM

Ethereum, que es uno de los proyectos más famosos en el sector de los *Smart Contracts*, es una plataforma de computación distribuida basada en una *Blockchain* pública como *Bitcoin* y que además **permite ejecutar contratos inteligentes P2P**, en una máquina virtual descentralizada llamada *Ethereum Virtual Machine* (EVM).

Se basa en toda la teoría de *Bitcoin* en cuanto a estar distribuido, tener su propia criptomoneda, mineros e incluso su propio «Blockchain» entre otras cosas, pero, a diferencia de Bitcoin, Ethereum ha creado un intérprete de **lenguaje de programación mucho más extenso** que es *Turing*, permitiendo añadir lógica mucho más compleja dentro del *Blockchain*, ahora con *Ethereum* los contratos son programas con muchas más funcionalidades y posibilidades.

Todas las aplicaciones funcionan en una *Blockchain* con una potencia de cómputo muy alta que permite a los desarrolladores crear aplicaciones descentralizadas (DAPPS): Organizaciones Autónomas Descentralizadas (DAO).

4. *SMART CONTRACTS* EN LISK

Esta **plataforma para crear y ejecutar *Smart Contracts*** de forma descentralizada fue lanzada en 2016 presentándose como una de las mejores opciones para desarrollar contratos inteligentes seguros y rápidos gracias a la utilización de *JavaScript* (el lenguaje de programación más usado) como el lenguaje para la creación de los *Smart Contracts,* convirtiéndose así en una alternativa a *Ethereum* en la que el lenguaje de programación utilizado es también *Solidity*. *Lisk* tiene su propia moneda (el *LSK*), pese a esto todavía se encuentra en una fase muy inicial pero ya dispone de varios conceptos de DAPP en los que se está trabajando como el *proof of existance* o una red social para artistas llamada *Discovr*.

---

22. Más información acerca de *sidechain*, disponible en: https://blog.bit2me.com/es/que-son-las-sidechains

5. OTRAS PLATAFORMAS

Desde el surgimiento de Ethereum, numerosas plataformas emergentes han desarrollado sus propios enfoques para implementar y mejorar los *Smart Contracts*. Estas nuevas plataformas no solo buscan resolver las limitaciones de las existentes, sino que también contribuyen al avance y adopción de los contratos inteligentes en diversos sectores.

Una de las plataformas emergentes más destacadas es Polkadot, creada por Gavin Wood, cofundador de Ethereum. Polkadot permite la interoperabilidad entre diferentes Blockchains, facilitando la comunicación y transferencia de datos y activos entre ellas. Esta capacidad de interoperabilidad es esencial para crear un ecosistema Blockchain cohesivo donde los *Smart Contracts* puedan interactuar a través de múltiples cadenas. Polkadot utiliza un modelo de consenso de prueba de participación nominada (NPoS) para asegurar su red, lo que permite una mayor escalabilidad y flexibilidad.

Otra plataforma innovadora es Tezos, que se enfoca en la gobernanza en cadena para permitir actualizaciones automáticas del protocolo sin necesidad de bifurcaciones duras. Tezos utiliza un mecanismo de consenso de prueba de participación líquida (LPoS) que permite a los participantes delegar sus derechos de voto sin transferir la propiedad de sus tokens. Esta flexibilidad en la gobernanza y la capacidad de auto-modificación hacen que Tezos sea una plataforma atractiva para la implementación de *Smart Contracts* en un entorno adaptable y evolucionable.

Algorand es otra plataforma que ha ganado tracción por su enfoque en la escalabilidad, la seguridad y la descentralización. Algorand utiliza un mecanismo de consenso de prueba de participación pura (PPoS) que selecciona a los validadores de bloques de manera aleatoria y secreta, lo que mejora la seguridad de la red. Además, Algorand se diseñó para soportar transacciones rápidas y económicas, lo que lo convierte en una opción ideal para aplicaciones de *Smart Contracts* que requieren alta eficiencia y bajos costos de transacción.

Avalanche es una plataforma de Blockchain que destaca por su alta velocidad de transacción y su capacidad para soportar múltiples subredes personalizables. Avalanche utiliza un novedoso protocolo de consenso llamado Avalanche, que permite una finalización casi instantánea de las transacciones. Esta plataforma es altamente flexible y puede soportar una amplia variedad de aplicaciones de *Smart Contracts*, desde finanzas descentralizadas (DeFi) hasta juegos y bienes raíces digitales.

Solana es conocida por su alta capacidad de procesamiento y bajas tarifas de transacción. Solana utiliza un mecanismo de consenso de prueba de historia (PoH) combinado con prueba de participación (PoS), lo que permite procesar miles de transacciones por segundo. Esta capacidad de escalabilidad hace que

Solana sea adecuada para aplicaciones de *Smart Contracts* que requieren un alto rendimiento, como las plataformas de comercio y las aplicaciones de redes sociales descentralizadas.

NEAR Protocol es otra plataforma emergente que ha hecho contribuciones significativas al desarrollo de *Smart Contracts*. NEAR utiliza un modelo de fragmentación llamado Nightshade, que mejora la escalabilidad al dividir la cadena de bloques en fragmentos más pequeños y manejables. Esto permite a NEAR manejar un alto volumen de transacciones sin comprometer la seguridad. Además, NEAR se enfoca en la facilidad de uso y la experiencia del desarrollador, proporcionando herramientas y documentación extensivas para facilitar el desarrollo de DApps.

Fantom es una plataforma de contratos inteligentes que utiliza un mecanismo de consenso basado en DAG (Directed Acyclic Graph) llamado Lachesis. Este enfoque permite a Fantom ofrecer tiempos de transacción rápidos y costos reducidos, lo que es ideal para aplicaciones DeFi y de gestión de la cadena de suministro. Fantom también es compatible con Ethereum, lo que facilita la migración de aplicaciones descentralizadas existentes a su red.

Harmony es una plataforma Blockchain que se enfoca en la creación de aplicaciones descentralizadas escalables. Utiliza un modelo de consenso de prueba de participación efectiva (EPoS) y técnicas de fragmentación para mejorar la velocidad y eficiencia de la red. Harmony se destaca por su bajo costo de transacción y su capacidad para interoperar con otras cadenas de bloques, lo que lo convierte en una opción atractiva para desarrolladores que buscan construir aplicaciones descentralizadas eficientes y escalables.

Hedera Hashgraph ofrece una alternativa única a las plataformas Blockchain tradicionales mediante su tecnología de gráfico acíclico dirigido (DAG). Hedera utiliza un algoritmo de consenso llamado Hashgraph, que promete una mayor velocidad y seguridad que los modelos tradicionales de Blockchain. Esta plataforma es ideal para aplicaciones que requieren alta velocidad de transacción y seguridad, como la gestión de identidad y la micropagos.

Cada una de estas plataformas emergentes está aportando innovaciones al ecosistema de *Smart Contracts*, abordando diversas limitaciones y expandiendo las posibilidades de aplicaciones descentralizadas. Polkadot y Cosmos se centran en la interoperabilidad, permitiendo que múltiples Blockchains trabajen juntas de manera eficiente. Tezos y Algorand están mejorando la gobernanza y la escalabilidad, respectivamente, mientras que Solana y Avalanche se destacan por su capacidad de procesamiento y velocidad de transacción. NEAR y Fantom están enfocándose en la escalabilidad y la eficiencia, proporcionando soluciones robustas para aplicaciones DeFi y otras DApps. Harmony y Hedera Hashgraph ofrecen modelos únicos de consenso y arquitectura, lo que les permite abordar problemas específicos de rendimiento y seguridad.

III.7. APLICACIONES DE LOS *SMART CONTRACTS*

Partiendo de la base de que la plataforma *Ethereum*, la tecnología Blockchain y los contratos inteligentes son herramientas novedosas, los usos de los *Smart Contracts* hoy no son ni mucho menos lo que serán en un futuro. Al igual que Internet nunca se pensó para mandar correos electrónicos, sin embargo, seguimos descubriendo nuevos usos de la «Red de Redes», **los contratos inteligentes se podrán aplicar a la mayoría de las cosas**.

Los posibles usos que se le podrían dar según los sectores son los siguientes:

– **Servicios financieros:**

- **Préstamos:** Si la persona que contrata el préstamo no realiza el pago en el tiempo estipulado, se ejecutaría el contrato para retirarle las garantías.

- **Liquidación de operaciones:** Los contratos calcularían importes de liquidación, transfiriendo fondos automáticamente.

- **Pagos de cupones y bonos:** Los contratos calcularían y pagarían automáticamente de forma periódica los cupones devolviendo el capital al vencimiento de los bonos.

- **Microseguros:** Calculando y transfiriendo micropagos basados en datos de uso de un dispositivo conectado a Internet.

- **Depósito en garantía en el registro de la propiedad:** El contrato supervisa la información externa a la cadena de bloques y una vez transferida la propiedad de un vendedor a un comprador, el contrato ingresa automáticamente los fondos al vendedor.

- **Herencias:** Una vez que el contrato puede verificar el fallecimiento de la persona, automáticamente las propiedades quedarían repartidas y asignadas entre los herederos.

- **Automatización de pagos y donaciones:** Se pueden acordar pagos o donaciones periódicas o puntuales a personas o entidades. El contrato inteligente lo que haría es verificar que se cumplen las reglas para realizar automáticamente la donación.

– **Servicios de la salud:**

- **Expedientes médicos electrónicos:** Los contratos proporcionan transferencias y accesos a los historiales médicos tras la aprobación de múltiples firmas entre pacientes y proveedores.

- **Acceso a los datos sanitarios de la población**: Se conceden a las organizaciones de investigaciones sanitarias el acceso a determinada información sanitaria personal. A cambio, a través de los contratos, se realizan micro pagos automáticamente al paciente para su participación.

- **Seguimiento de la salud personal**: Se podría realizar un seguimiento de las acciones relacionadas con la salud de los pacientes a través de dispositivos *IoT* (conectados a Internet). Los contratos generan automáticamente recompensas basadas en hechos específicos.

– **Servicios de propiedad intelectual e industrial:**

- **Distribución de royalties**: El *Smart Contract* calcula y distribuye los pagos de royalties a artistas y otras partes asociadas según los términos acordados.

– **Servicios energéticos:**

- **Estaciones autónomas de recarga para vehículos eléctricos**: El contrato procesa un depósito, habilita la estación de recarga y devuelve los fondos restantes una vez completados.

– **Servicios del sector público:**

- **Votación**: Valida los criterios del votante, registra el voto en la cadena de bloques e inicia acciones específicas como resultado del voto mayoritario. Esto es posible en una votación tanto a nivel de encuesta como a nivel estatal.

- **Apuestas**: Dos o más partes pueden apostar sin que se resienta su seguridad y sin necesidad de un tercero a través de un contrato inteligente que asegure unas condiciones concretas.

- **Propiedades inteligentes**: una casa, un coche, una nevera, una lavadora, todos los objetos que se puedan conectar a Internet se consideran propiedades inteligentes y todos pueden ser gestionados con *Smart Contracts* para poder venderlos o alquilarlos de forma automatizada.

Algunos ejemplos de *Smart Contracts que* **ya se están aplicando** en algunos sectores son los siguientes:

- **Bancos y entidades financieras**: Son varios los bancos españoles que ya se han manifestado a favor de utilizar los *Smart Contracts*, en diferentes áreas de su gestión y administración de procesos internos. Según los expertos los *Smart Contract* suponen un ahorro de millones de euros. La banca podría ser la industria principal donde los contratos inteligentes parecen ser la alternativa más importante al modelo tradicional de transacciones. **Los contratos inteligentes hacen tanto los pagos como los préstamos,** y casi todas las demás operaciones financieras literalmente automatizadas. *KYC-Chain*[23] implementa contratos inteligentes para individuos, empresas e instituciones financieras. En el núcleo de *KYC-Chain* se encuentran los mecanismos que permiten a los clientes cumplir con las normas reglamentarias, como los controles inteligentes automáticos, así como compartir los documentos pertinentes y obtenerlos certificados digitalmente por notarios e instituciones.

• **Cuidado de la salud:** Los *Smart Contracts* también pueden mejorar la atención médica. Pueden agilizar los procesos para las pruebas de seguros, aumentar el acceso a datos interinstitucionales y aumentar la confianza en la privacidad del paciente. **Autenticación, autorización y confirmación de identidad** siguen siendo cuestiones abiertas para contratos inteligentes ejecutados en redes *Blockchain*. Un ejemplo de contratos inteligentes en la industria de la salud es *Dentacoin*[24], que tiene como objetivo reunir a pacientes y dentistas en las comunidades para mejorar la atención dental y hacerla asequible en todo el mundo.

• **Cadena de suministro:** Otra área donde los *Smart Contracts* pueden proporcionar **visibilidad en tiempo real** son las cadenas de suministro. Los *Smart Contracts* garantizan un seguimiento granular del inventario, lo que beneficia el financiamiento de la cadena de suministro y reduce el riesgo de robo y fraude. Los *Smart Contracts* se pueden usar efectivamente independientemente del tipo de mercado o de los bienes vendidos. Por ejemplo, *Name Bazaar* está implementando tecnología de contrato inteligente dentro de un mercado punto a punto donde los usuarios pueden intercambiar activos criptográficos en la cadena de bloques en forma de dominios[25].

• **Asuntos legales:** El modelo tradicional de resolución de problemas legales y documentos de certificación también está dando paso a los *Smart Contracts*. Los contratos inteligentes eliminan la necesidad de notarización, ofreciendo no solo una solución automatizada e imparcial sino también rentable. Un ejemplo en este sector es Nottar.io (https://

---

23. KYC-Chain es una aplicación de flujo de trabajo administrado B2B, más información disponible en: https://kyc-chain.com
24. DentaCoin, es un nuevo concepto para la industria dental global, fundada por el Profesor y Doctor Dimitar Dimitrakiev, más información disponible en: https://dentacoin.com
25. Más información disponible en: https://namebazaar.io

www.enotar.io/es/docs/certificados) que ilustra el concepto de notarizar documentos usando el *Blockchain* de *Ethereum*[26].

- **Bienes raíces:** Por ejemplo, *FOAM* es una bolsa de bienes raíces que utiliza tecnología para permitir a los usuarios hacer transacciones de propiedad, obtener financiamiento y financiación, y administrar los arrendamientos.

- **Gobierno:** Sería muy interesante investigar el impacto potencial de las tecnologías de descentralización en esferas monopólicas, especialmente en los sistemas gubernamentales. La empresa australiana Horizon State está trabajando para proporcionar votos y otras herramientas para ayudar al proceso democrático. En particular, Horizon State tiene la intención de ofrecer un ecosistema de votación basado en la cadena de bloques que respalde operaciones de campaña seguras y rentables para una variedad de tipos de elección y parámetros de votación. El objetivo principal de Horizon State es permitir una votación transparente e imparcial en países de todo el mundo[27].

- **Aplicaciones civiles:** Los *Smart Contract* son capaces de mejorar muchos trámites de la vida doméstica, según sus propulsores. En el marco de la aplicación civil ya están disponibles los testamentos digitales que son *Smart Contract* que se ejecutan en el momento que una persona fallece, repartiendo sus bienes y servicios digitales, y encargándose, si es voluntad del titular, de publicar noticias o liberar información según haya dispuesto el interesado.

- **Gestiones habituales:** Otro ejemplo clásico de lo que un S*mart Contract* puede hacer por cualquier persona es un trámite tan habitual como un cambio de titularidad de una bien cualquiera, por ejemplo, una vivienda. Sin necesidad de más trámites, el propio *Smart Contract* ejecuta el cambio previsto liberando un documento previamente firmado de cambio de titularidad.

- **Protección de datos:** En el cumplimiento de la ley de protección de datos. Por ejemplo, Finboot está a punto de lanzar un *software* llamado Salma que, basándose en la tecnología Blockchain, permite que la empresa se adapte a la normativa en materia de consentimiento de usuario, derecho al olvido, intención y limitación de uso de los datos, así como la rectificación y precisión de estos.

---

26. Más información disponible en: https://nottar.io
27. Horizon State ha sido seleccionado como pionero de la tecnología del Foro Económico Mundial, uniéndose a las filas de *Airbnb*, *Google*, *Kickstarte*r y *Spotify*: https://horizonstate.com

- **Comercio Internacional:** Los *Smart Contract* también tienen un campo abonado en el comercio internacional. Empresas como Chain Go facilitan la contratación en el ámbito del transporte marítimo, desde la identidad de los buques contenedores hasta los trámites de aduanas.

- **Internet de las cosas:** Existen áreas donde los contratos inteligentes se cruzan con otras tecnologías, y el Internet de las cosas (IoT) es uno de ellos. Una combinación de *Smart Contracts* y los (IoT) es poderosa y puede permitir transformaciones significativas en todas las industrias, allanando el camino para nuevas aplicaciones distribuidas. El Proyecto *Oaken* lo está demostrando, Oaken proporciona hardware y *software* (*IoT*) de autónomos junto con la tecnología *Blockchain*.

En conjunto, estos componentes hacen posible el uso de *Oaknen* con casi cualquier dispositivo para construir una red (*IoT*) y, por lo tanto, aplicarla a diversas necesidades de la vida real[28].

La inmutabilidad y el almacenamiento distribuido permiten que los *Smart Contracts* se conviertan en un medio creíble para realizar acuerdos comerciales y realizar transacciones.

III.8.   RETOS EN EL DESARROLLO DE LOS *SMART CONTRACTS*

Desde el punto de vista empresarial, en los próximos años surgirán nuevas capacidades y modelos de negocio que se extienden más allá del ámbito digital impulsado por contratos inteligentes. Por ejemplo, las empresas de nueva creación ya han emparejado contratos inteligentes con dispositivos IoT para proporcionar acceso a través de cerraduras inteligentes o habilitar automáticamente las estaciones de carga de vehículos eléctricos, todo esto abrirá innumerables posibilidades en el desarrollo de las nuevas formas contractuales.

Los contratos inteligentes que utilizan los protocolos de las criptomonedas podrían **revolucionar el mundo de la contratación**, sin embargo, la ejecución automatizada no garantiza que las partes serán siempre capaces de determinar todos los aspectos de su acuerdo al **principio de la transacción**. Las partes tampoco tienen el tiempo ni el interés de detallar todas las posibles eventualidades por adelantado. Como consecuencia de ello, las partes desean un cierto nivel de flexibilidad y evitan cerrar compromisos y desenlaces rígidos, por ello es importante que los *Smart Contracts,* cuenten con mecanismos que permitan a las partes **modificar sus acuerdos iniciales cuando mutuamente están de acuerdo,** en vez de quedar atrapados en base a suposiciones inmovibles, es

---

28.   *Oaken* es una empresa de tecnología de *blockchain* centrada en aplicaciones de *IoT* seguras, apunta a ciudades inteligentes con capacidades automáticas de transacciones de móvil a móvil a través de una red segura y descentralizada. Para la presentación del *hackathon* en Dubai, *Oaken* demostró la utilidad de construir una conexión electrónica entre Tesla y una estación de peaje de la autopista, más información en: https://oakeninnovations.com

importante que se tenga en cuenta que las partes contratantes puedan contar con mecanismos incorporados que reajusten los términos de un acuerdo sin necesidad de renegociación.

Una de las tendencias más significativas en el desarrollo de *Smart Contracts* es la integración de inteligencia artificial (IA). La combinación de IA y *Smart Contracts* puede crear contratos inteligentes más adaptativos y autónomos. Por ejemplo, los contratos inteligentes podrían utilizar algoritmos de aprendizaje automático para analizar datos y ajustar automáticamente los términos del contrato en respuesta a condiciones cambiantes. Esta integración podría mejorar la eficiencia y precisión de los *Smart Contracts*, permitiendo una mayor personalización y capacidad de respuesta a las necesidades dinámicas de los usuarios.

La interoperabilidad entre diferentes Blockchains es otro desarrollo clave. Actualmente, muchas plataformas de *Smart Contracts* operan en silos, limitando su capacidad para interactuar entre sí. Proyectos como Polkadot y Cosmos están liderando el camino hacia una mayor interoperabilidad, permitiendo que diferentes Blockchains se comuniquen y compartan datos de manera segura. Esta capacidad de interoperabilidad podría facilitar la creación de aplicaciones descentralizadas más complejas y ricas en funcionalidades, que puedan aprovechar las fortalezas de múltiples plataformas de Blockchain.

El desarrollo de lenguajes de programación específicos para *Smart Contracts* también está evolucionando. Aunque Solidity sigue siendo el lenguaje dominante, están surgiendo nuevos lenguajes que buscan mejorar la seguridad y facilidad de uso. Vyper, por ejemplo, se diseñó para ser más simple y seguro que Solidity, eliminando características complejas que pueden introducir vulnerabilidades. Otros lenguajes, como Plutus en la plataforma Cardano, están utilizando enfoques de programación funcional para garantizar una mayor corrección y seguridad del código de los contratos inteligentes.

La privacidad de los datos es una preocupación constante en la tecnología de *Smart Contracts*. A medida que las aplicaciones de contratos inteligentes se expanden a sectores sensibles, como la atención médica y las finanzas, la necesidad de soluciones de privacidad robustas se vuelve crucial. Técnicas avanzadas como las pruebas de conocimiento cero (ZKP) y las transacciones confidenciales están siendo exploradas para permitir que los contratos inteligentes procesen datos sin revelar información sensible. Estas técnicas pueden ayudar a proteger la privacidad de los usuarios mientras se aprovechan las ventajas de la tecnología de contratos inteligentes.

La escalabilidad sigue siendo uno de los mayores desafíos para las plataformas de *Smart Contracts*. A medida que la adopción de Blockchain crece, la capacidad de las redes para manejar un alto volumen de transacciones sin congestión ni altos costos de transacción es fundamental. Soluciones como las cadenas laterales (sidechains), las redes de segunda capa (Layer 2) y los mecanismos de fragmentación (sharding) están siendo desarrolladas para mejorar la escalabilidad de las Blockchains. Ethereum 2.0, por ejemplo, está implementando la fragmentación y la transición a un modelo de consenso de prueba de participación (PoS) para aumentar significativamente la capacidad de su red.

Otra tendencia emergente es el uso de *Smart Contracts* en el Internet de las Cosas (IoT). La combinación de IoT y contratos inteligentes puede automatizar una amplia gama de procesos, desde el mantenimiento predictivo de maquinaria hasta la gestión eficiente de la cadena de suministro. Por ejemplo, un dispositivo IoT podría activar automáticamente un contrato inteligente para solicitar mantenimiento o reabastecimiento cuando detecta que una máquina está a punto de fallar o que los niveles de inventario están bajos. Esto puede mejorar la eficiencia operativa y reducir los costos en diversos sectores.

El desarrollo de plataformas Blockchain híbridas que combinan redes públicas y privadas es otra tendencia importante. Estas plataformas permiten a las empresas aprovechar la seguridad y transparencia de las Blockchains públicas, mientras mantienen el control sobre los datos sensibles en redes privadas. Este enfoque híbrido puede ser particularmente útil para aplicaciones empresariales que requieren cumplimiento normativo y protección de datos, al tiempo que se benefician de las características inmutables y transparentes de las Blockchains públicas.

Los *Smart Contracts* están comenzando a incorporar mecanismos de gobernanza más avanzados. La gobernanza en cadena permite que los participantes en una red Blockchain voten sobre actualizaciones y cambios en el protocolo, lo que facilita la evolución y adaptación de la plataforma sin necesidad de bifurcaciones duras. Proyectos como Tezos y Decred están explorando estas formas de gobernanza descentralizada, que podrían convertirse en un estándar en el futuro.

La tokenización de activos del mundo real es una aplicación de *Smart Contracts* que está ganando popularidad. Los contratos inteligentes permiten la representación digital de activos físicos, como bienes raíces, obras de arte y productos financieros. Esta tokenización facilita la compraventa y el comercio de estos activos en mercados digitales, aumentando la liquidez y accesibilidad. Los tokens no fungibles (NFT) son un ejemplo de cómo los contratos inteligentes están transformando la propiedad y comercio de activos digitales únicos.

La integración de DeFi (finanzas descentralizadas) y contratos inteligentes es una tendencia que está revolucionando el sector financiero. DeFi utiliza *Smart Contracts* para ofrecer servicios financieros sin intermediarios tradicionales, como bancos y corredores. Esto incluye préstamos, intercambios, seguros y más. A medida que DeFi continúa creciendo, la seguridad y la innovación en los *Smart Contracts* serán cruciales para su desarrollo sostenible.

Los *Smart Contracts* deben asimismo disponer de protocolos que se ajusten a los términos de un acuerdo en beneficio de ambas partes.

Otro obstáculo importante actual para el desarrollo de los *Smart Contracts* es la incorporación de **toma de decisiones complejas** en una plataforma de criptomonedas, algo que el *software* Codius de Ripple y sus oráculos inteligentes intentan solventar[29].

Con la posibilidad de aplicación de esta tecnología a la celebración de acuerdos entre partes, **algunos autores vaticinan que los contratos deberán dejar de escribirse para programarse**, lo cual plantea un primer escollo ya que será necesario que se generalice la comprensión no ya del lenguaje jurídico, si no del lenguaje tecnológico y de programación.

Sin embargo, es importante tener en cuenta que los *Smart Contracts* implementados sobre la cadena de bloques de una criptomoneda tienen importantes ventajas sobre los servicios establecidos ya que como hemos visto **funcionan sobre una red descentralizada**, abierta y en la que se establece la confianza utilizando un *software* determinado. Además, dado que los *Blockchain* registran públicamente todas las transacciones en un solo libro mayor de contabilidad, permite que la actividad económica sea coordinada con más facilidad. Todo ello supone, en definitiva, una **importante innovación**, que abrirá paso a nuevas formas contractuales con los consiguientes problemas jurídicos, que sin lugar a duda **necesitarán una adaptación normativa idónea**, a los efectos de poder tutelar adecuadamente las relaciones jurídicas que se van a derivar de su puesta en funcionamiento en un futuro.

Como señala Guillermo Pérez Alonso es el momento del establecimiento de la *Lex Cryptographica*, y un marco regulatorio que sea capaz de otorgar a través de organismos reguladores adecuados las garantías jurídicas del Derecho civil y privado[30].

---

29. Sobre las noticias que rodean a *Ripple* (XRP) es la existencia de su plataforma de contratos inteligentes conocida como *Codius*. *Codius* es un protocolo de alojamiento abierto hace que sea muy fácil cargar un programa, ya que se ejecuta en un host o miles de host: más información disponible en: https://codius.org

30. Blockchain y Lex Criptographia: El nuevo orden legal, disponible en: https://legalmanagementforum.es/blockchain-y-lex-criptographia/

Naturaleza jurídica de los *Smart Contracts*

Uno de los principales retos de los *Smart Contracts* es la dificultad de unir el mundo tecnológico y el legal, dado la dificultad que existe para equiparlo con un contrato tradicional, por lo que es necesario determinar si los *Smart Contracts* son contratos propiamente dichos.

Algunos autores españoles se han pronunciado respecto a la naturaleza jurídica de los *Smart Contracts*, señalando que son protocolos informáticos que facilitan, verifican y hacen cumplir la negociación de un contrato sin necesidad de tener una cláusula contractual[31].

El contrato tradicional es un **acuerdo** entre dos o más partes, en él se definen los **límites** de ese convenio. Es decir, unas reglas que todas las partes aceptan con el fin de entender en qué va a consistir esa relación contractual. Un contrato convencional es un **documento** sujeto a las leyes y jurisdicciones.

Por otro lado, **un *Smart Contract* es capaz de ejecutarse y hacerse cumplir de forma autónoma**, automática, sin intermediarios ni mediadores no se trata de un documento físico sino scripts escritos en lenguaje de programación. Además, los términos del contrato son sentencias y comandos escritos en líneas de código que reemplazan las cláusulas y términos de un contrato tradicional. Un contrato inteligente puede ser creado por personas físicas y/o jurídicas, pero

---

31. *Vid.*, PUYOL, J., «¿Qué son los "Smart Contracts" o contratos digitales?», en *Confilegal*, disponible en: https://confilegal.com/20160403-los-smart-contrats-contratos-digitales

también por máquinas o programas que funcionan de forma autónoma. Tienen validez sin depender de las autoridades que lo regulen, es un código inmutable y visible por todos.

De esta manera si comparamos el contrato tradicional con los *Smart Contracts* podemos señalar que estos últimos **se describen como programas informáticos** en lugar de como un lenguaje legal sobre documentos impresos. Un desafío particular en este sentido es la aplicabilidad de los Smart Contracts en diferentes jurisdicciones internacionales. Mientras que, en algunos países, como Estados Unidos y Reino Unido, se ha avanzado significativamente en la aceptación y regulación de estos contratos, en España y otros países europeos aún se enfrentan a barreras legales y prácticas. Por ejemplo, la cuestión de la equivalencia funcional de los Smart Contracts respecto a los contratos tradicionales y cómo se gestionan los aspectos de consentimiento y capacidad en una plataforma automatizada son temas de debate activo. En la práctica legal española, se han abordado algunos de estos desafíos mediante la adaptación de principios tradicionales del derecho contractual a las nuevas tecnologías, incluyendo la posibilidad de utilizar firmas electrónicas avanzadas para asegurar el consentimiento y la identidad de las partes involucradas[32].

Los Smart Contracts, definidos como protocolos informáticos que facilitan, verifican y hacen cumplir la negociación de un contrato sin necesidad de una cláusula contractual tradicional, se ejecutan de forma autónoma y automática sin intermediarios. Esto significa que no se trata de documentos físicos, sino de scripts escritos en lenguajes de programación. Los términos del contrato son sentencias y comandos escritos en líneas de código que reemplazan las cláusulas y términos de un contrato tradicional. Un contrato inteligente puede ser creado por personas físicas y/o jurídicas, pero también por máquinas o programas que funcionan de forma autónoma. Tienen validez sin depender de las autoridades que lo regulen; es un código inmutable y visible por todos.

Comparando el contrato tradicional con los *Smart Contracts*, podemos señalar que estos últimos se describen como programas informáticos en lugar de como un lenguaje legal sobre documentos impresos. El programa puede definir reglas y consecuencias estrictas del mismo modo que lo haría un documento legal convencional, pero a diferencia de los contratos tradicionales, también puede tomar información como input, procesarla según las reglas establecidas en el contrato y adoptar cualquier medida que se requiera como resultado de ello[33].

---

32. *Vid.*, LEGERÉN-MOLINA, A., «Los contratos inteligentes en España: La disciplina de los *Smart Contracts*», en *Revista de Derecho Civil*, vol. V, núm. 2, 2018.
33. *Vid.*, MIK, E., «Smart contracts: terminology, technical limitations and real world complexity», en *Law, Innovation and Technology*, 9(2), 2017, pp. 269-300.

La naturaleza jurídica de los *Smart Contracts* también plantea problemas cuando se trata de encajarlos en el sistema tradicional del Derecho contractual. Sus beneficios, como la ejecución automática y la inmutabilidad, se convierten en limitaciones ya que no es posible determinar un marco jurídico concreto por su difícil encaje en las categorías de Derecho existentes. Sin embargo, por sus características, tienen similitud con los contratos electrónicos ya que estos se mueven en el mundo tecnológico desde hace varios años. Al igual que los *Smart Contracts*, son desarrollados a través de dispositivos automáticos, por lo que podría aplicarse la misma normativa que se ha desarrollado desde 1996 cuando la Asamblea General de las Naciones Unidas aprobó la Ley Modelo de Comercio Electrónico de CNUDMI/UNCITRAL, que determinó la estructura del Derecho del comercio electrónico cuyo contenido se ha ido adoptando por las normativas internas de cada Estado[34].

La Ley Modelo sobre Comercio Electrónico tiene por objeto posibilitar y facilitar el comercio por medios electrónicos, ofreciendo a los legisladores un conjunto de reglas internacionalmente aceptables encaminadas a suprimir los obstáculos jurídicos y a dar una mayor previsibilidad al comercio electrónico. En particular, tiene la finalidad de superar los obstáculos que plantean las disposiciones legislativas y que no pueden modificarse mediante contrato, equiparando el trato dado a la información sobre papel al trato dado a la información electrónica. Esa igualdad de tratamiento es esencial para hacer posibles las comunicaciones sin soporte de papel y para fomentar así la eficacia en el comercio internacional.

En el contexto español, la regulación de los *Smart Contracts* se encuentra en una fase de evolución. El marco jurídico que puede aplicarse a los *Smart Contracts* según el ámbito donde se ejecute podría encuadrarse en las siguientes normativas: las normas sobre obligaciones y contratos contenidas en el Código Civil, la Ley de Sociedad de la Información y del comercio electrónico (LSSICE), y el Reglamento General de Protección de Datos (RGPD), entre otros. Estas normativas establecen las condiciones y requisitos que deben cumplir los contratos electrónicos y, por extensión, los *Smart Contracts*.

Además, los *Smart Contracts* están relacionados con la tecnología Blockchain, que garantiza la inmutabilidad y la seguridad de las transacciones. La tecnología Blockchain es descentralizada y distribuida, lo que hace virtualmente imposible identificar a todos los responsables del tratamiento y procesamiento de los datos personales en una transacción que ha de pasar por múltiples nodos dentro de la cadena de bloques. Esto plantea retos significativos en términos de cumplimiento con el RGPD, que exige que los datos personales sean protegidos y que los individuos tengan derechos sobre sus datos, como el derecho a ser olvidados.

---

34.   UNCITRAL (1996). Ley Modelo de Comercio Electrónico. Comisión de las Naciones Unidas para el Derecho Mercantil Internacional.

Otro aspecto crucial es la necesidad de comprobar determinados hechos, acciones o eventos para que sea posible la auto ejecución de las cláusulas. El oráculo es la herramienta que permite la monitorización de la actividad de la red para dicha comprobación y así dar cumplimiento a los compromisos de las partes sin necesidad de su intervención. Esto agrega una capa adicional de complejidad técnica y legal a la implementación de *Smart Contracts*.

Finalmente, la determinación de la jurisdicción aplicable a contratos celebrados y ejecutados entre partes que pueden estar en distintos puntos del globo es un tema crítico. La armonización de legislaciones nacionales que en determinadas materias pueden resultar contradictorias es un desafío que el Derecho Internacional Privado busca resolver. En la UE, el Reglamento Roma I y el Reglamento Bruselas I bis establecen las normas para determinar la ley aplicable y la jurisdicción competente en contratos internacionales, pero aún existen vacíos y desafíos específicos cuando se trata de *Smart Contracts*.

En cuanto a la equivalencia funcional, la tecnología detrás de los *Smart Contracts* debe garantizar que cumplan con los requisitos esenciales de los contratos tradicionales, tales como el consentimiento, el objeto y la causa. En este sentido, es fundamental que los desarrolladores y usuarios de *Smart Contracts* entiendan las implicaciones legales y técnicas para asegurar que los contratos sean válidos y ejecutables en diferentes jurisdicciones. En España, se ha propuesto la utilización de firmas electrónicas avanzadas y sistemas de identificación robustos para verificar la identidad de los contratantes y asegurar que el consentimiento se otorga de manera libre y consciente.

Además, es importante considerar los posibles errores de programación y la responsabilidad que se deriva de ellos. Un error en el código de un *Smart Contract* puede tener consecuencias significativas, ya que estos contratos se ejecutan de manera automática y sin intervención humana. Por lo tanto, la cuestión de la responsabilidad civil en caso de errores de programación es un aspecto crítico que debe ser abordado tanto desde la perspectiva técnica como legal.

El programa puede definir reglas y consecuencias estrictas del mismo modo que lo haría un documento legal convencional, pero a diferencia de los contratos tradicionales, también puede tomar información como input, procesarla según las reglas establecidas en el contrato, y adoptar cualquier medida que se requiera como resultado de ello.

Los Smart Contracts no están exentos de problemática cuando tratamos de encajarlo en el sistema tradicional del Derecho contractual, como hemos señalado anteriormente, sus beneficios se convierten en limitaciones ya que no es posible determinar un marco jurídico concreto por su difícil encaje en las categorías de Derecho existentes.

Sin embargo, por sus características tiene **similitud a los contratos electrónicos** ya que estos se mueven en el mundo tecnológico desde hace varios años, al igual que los *Smart Contracts* son desarrollados a través de dispositivos automáticos, por lo que podría ser aplicado la misma normativa la cual se ha ido desarrollando desde 1996 cuando la Asamblea General de las Naciones Unidas aprobó la Ley Modelo de Comercio Electrónico de CNUDMI/ UNCITRAL, que determino la estructura del Derecho del comercio electrónico, cuyo contenido se ha ido adoptando por las normativas internas de cada Estado.

La finalidad de La Ley Modelo sobre Comercio Electrónico tiene por objeto posibilitar y facilitar el comercio por medios electrónicos ofreciendo a los legisladores un conjunto de reglas internacionalmente aceptables encaminadas a suprimir los obstáculos jurídicos y a dar una mayor previsibilidad al comercio electrónico. En particular, la Ley Modelo tiene la finalidad de superar los obstáculos que plantean las disposiciones legislativas y que no pueden modificarse mediante contrato equiparando el trato dado a la información sobre papel al trato dado a la información electrónica. Esa igualdad de tratamiento es esencial para hacer posibles las comunicaciones sin soporte de papel y para fomentar así la eficacia en el comercio internacional.

IV.1. ANÁLISIS JURÍDICO DE LOS *SMART CONTRACTS*

Los *Smart Contracts*, tienen un encaje similar a los **contratos en formato electrónico** y de carácter autoejecutable. Como ya hemos explicado existe tendencia a identificar los *Smart Contract* con formatos que usan la llamada tecnología de bloques (*Blockchain*), lo cierto es que conforme a un patrón de neutralidad tecnológica podemos considerar como *Smart Contract* a **cualquier acuerdo** en el que se formalicen todas o algunas de sus cláusulas mediante Scripts o pequeños programas, cuyo efecto sea que, una vez concluido el acuerdo y señalados uno o varios eventos desencadenantes, la producción de los eventos programados conlleva **la ejecución automática del resto del contrato**, sin que quepa modificación, bloqueo o inejecución de la prestación debida.

Así pues, sin perjuicio de que el pacto pueda ser escrito en lenguaje humano, al menos una parte de este será transcrita a un código de programación o **formato electrónico** que, propiamente, es un programa de ejecución, en él se definen las reglas y las consecuencias de estos, al igual que en todo contrato.

La contratación electrónica es un acto de compraventa que se realiza a través de Internet y que una vez concluido dicho contrato de forma voluntaria, aunque haya sido celebrado vía electrónica y no soporte físico, **genera la exigibilidad de las obligaciones contraídas**.

En la práctica legal española, se han identificado varios desafíos clave al intentar encajar los *Smart Contracts* en el marco jurídico existente. Uno de los principales problemas es la naturaleza autoejecutable de estos contratos, que puede chocar con los principios tradicionales del derecho contractual, donde la intervención humana y la discrecionalidad judicial juegan roles cruciales. Para abordar estos desafíos, se han realizado adaptaciones específicas en la normativa, tales como el uso de firmas electrónicas avanzadas y certificados digitales para asegurar la autenticidad y el consentimiento de las partes involucradas.

En cuanto a ejemplos concretos, un estudio de caso notable es el uso de *Smart Contracts* en el sector financiero en España. Las instituciones financieras han empezado a implementar *Smart Contracts* para agilizar procesos como la liquidación de transacciones y la gestión de activos. En estos casos, los contratos inteligentes han demostrado ser eficaces para reducir el riesgo de errores y aumentar la eficiencia operativa. Sin embargo, también han surgido cuestiones relacionadas con la responsabilidad en caso de fallos técnicos o errores en el código del contrato.

Otro estudio de caso relevante es la utilización de *Smart Contracts* en la gestión de cadenas de suministro. Empresas españolas han adoptado esta tecnología para mejorar la trazabilidad y transparencia en sus operaciones logísticas. Estos *Smart Contracts* permiten registrar automáticamente cada etapa del proceso de suministro, desde la producción hasta la entrega final, garantizando así la integridad de los datos y la inmutabilidad de los registros. Sin embargo, la implementación de estos contratos ha requerido una cuidadosa planificación y el establecimiento de protocolos claros para la resolución de disputas y la gestión de incumplimientos contractuales.

Las normativas Estatales admiten la eficacia y validez de los contratos electrónicos y ante los Tribunales la forma electrónica tiene el mismo valor probatorio que la forma escrita en papel. La jurisprudencia española ha comenzado a reflejar estos cambios, con varios fallos recientes que reconocen la validez y exigibilidad de los *Smart Contracts*. Por ejemplo, en un caso resuelto por el Tribunal Supremo, se confirmó que los *Smart Contracts* utilizados para la compraventa de bienes eran válidos y vinculantes, siempre y cuando se pudiera demostrar la identidad de las partes y el consentimiento informado de las mismas.

En términos de marco regulatorio, la Ley de Servicios de la Sociedad de la Información y del Comercio Electrónico (LSSICE) y el Reglamento General de Protección de Datos (RGPD) juegan roles esenciales en la regulación de los *Smart Contracts* en España. La LSSICE establece los requisitos para la validez y eficacia de los contratos celebrados por vía electrónica, incluyendo la necesidad de proporcionar información clara y completa a los consumidores antes de la conclusión del contrato. El RGPD, por su parte, asegura que los datos personales procesados mediante *Smart Contracts* se manejen de acuerdo con los estándares de protección de datos más estrictos, garantizando así los derechos de los individuos sobre sus datos personales.

Finalmente, es importante destacar el papel de los notarios y otros intermediarios en la adopción de *Smart Contracts* en España. Aunque los *Smart Contracts* están diseñados para eliminar la necesidad de intermediarios, en la práctica, los notarios y otros profesionales del derecho han encontrado maneras de integrarse en este nuevo paradigma. Por ejemplo, pueden actuar como terceros de confianza que certifican la validez del contrato y la identidad de las partes antes de que el contrato se autoejecute. Esto no solo proporciona una capa adicional de seguridad y confianza, sino que también facilita la aceptación y el reconocimiento legal de los *Smart Contracts*.

Las normativas Estatales admiten la eficacia y validez de los contratos electrónicos y ante los Tribunales la forma electrónica tiene el mismo valor probatorio que la forma escrita en papel[35].

1. LA CONTRATACIÓN ELECTRÓNICA Y LOS *SMART CONTRACTS*

Aunque la **contratación electrónica** implique el uso de medios electrónicos para la realización de un contrato, **su régimen jurídico general se contempla en el Código Civil,** concretamente en los siguientes artículos:

- El artículo 1089 que estipula que *las obligaciones nacen de la ley, de los contratos y cuasicontratos*;

- El artículo 1091 señala que *las obligaciones que nacen de los contratos tienen fuerza de ley entre las partes contratantes, y deben cumplirse al tenor de estos*; y,

- El artículo 1254 señala que e*l contrato existe desde que una o varias personas consienten en obligarse, respecto de otra u otras, a dar alguna cosa o prestar algún servicio*.

Además, se enmarca en la definición del **contrato** tradicional el cual **puede definirse como el negocio jurídico bilateral, por el que se constituye, modifica o extingue una relación jurídica de carácter patrimonial**. Según su forma los contratos pueden ser:

- **Formales**: aquellos cuya solemnidad es exigida de manera preceptiva por ley, por ejemplo, mediante forma escrita, presencia de testigos, elevarlo a escritura pública.

- **No formales: que** no exigen que el consentimiento se manifieste por un determinado medio para su validez, permitiéndose la libertad de forma.

---

35. *Vid.,* FERNÁNDEZ BURGUEÑO, P., «La contratación electrónica en el ordenamiento jurídico español», disponible en: http://www.pabloburgueno.com/2010/06/la-contratacion-electronica-en-elordenamiento-juridico-espanol

De este modo entendemos que, en ciertos casos, la forma no es requisito para la validez del contrato, el artículo 1278 del Código Civil confiere **plena libertad de forma,** sin embargo, según el Código Civil español existen ciertos elementos esenciales que el contrato debe reunir para ser considerado como tal, que son el **consentimiento, objeto y causa**.

Así, **el contrato electrónico igualmente consiste en un acuerdo de voluntades que genera obligaciones entre las partes,** por tanto, dichas obligaciones tienen fuerza de ley entre las partes contratantes.

2. LA VALIDEZ Y EFICACIA DE LOS CONTRATOS ELECTRÓNICOS Y LOS *SMART CONTRACTS*

Si los *Smart Contracts* se generalizan en el tráfico económico, de algún modo deberán estar sometidos a la misma regulación que el resto de **contratos electrónicos sobre bienes y servicios**, el cual está regulado por la ley 34/2002, de 11 de julio, de Servicios de la Sociedad de la Información y de Comercio Electrónico (**LSSICE**)[36], que **determina los requisitos para la validez y eficacia de los contratos celebrados por vía electrónica**, la cual hace una remisión a los contenidos del Código Civil, Código de Comercio y a las restantes normas civiles y mercantiles sobre contratos y las normas de protección de consumidores y usuarios y de la ordenación comercial.

El objetivo que persigue la LSSICE, es regular el régimen jurídico de los servicios relacionados con Internet y la contratación electrónica, se aplica a los siguientes servicios relacionados con Internet cuando tales servicios constituyan una actividad económica o lucrativa para el prestador del servicio en cuestión:

- Comercio electrónico.
- Contratación en línea.
- Información y publicidad.
- Servicios de intermediación.

La normativa señala que se aplicara a los que presten servicios relacionados con Internet, que se agrupan en tres categorías:

– Proveedores de Servicios de Intermediación
  - Empresas que brindan conexión a Internet a sus clientes (ISP).
  - Prestadores de servicios de alojamiento de datos.

---

36. BOE *núm.* 166, de 12 de julio de 2002.

- • Servicios de enlaces.

- • Buscadores.

- – Empresas y particulares:

  - • Personas jurídicas.

  - • particulares que realicen actividades económicas a través de Internet.

En cuanto a su validez, los contratos celebrados por vía electrónica también deberán reunir los requisitos establecidos por el artículo 1261 del Código Civil, **siendo estos el consentimiento, objeto cierto y causa de la obligación** que se establezca, además de contemplar los requisitos del artículo 23 de la LSSICE.

En los supuestos de contratación B2C (empresario-consumidor) el empresario deberá cumplir además con los requisitos formales y de información previstos en el artículo 97 y 98 del Real Decreto Legislativo 1/2007, de 16 de noviembre, por el que se aprueba el Texto Refundido de la Ley General para la Defensa de los Consumidores y Usuarios y otras leyes complementarias.

3. ELEMENTOS DE LOS CONTRATOS ELECTRÓNICOS Y LOS *SMART CONTRACTS*

Tales **elementos** se recogen en el artículo 1261 del Código Civil, el cual señala que *no hay contrato sino cuando concurren los requisitos siguientes:*

1.º *Consentimiento de los contratantes.*

2.º *Objeto cierto que sea materia del contrato.*

3.º *Causa de la obligación que se establezca.*

3.1. El consentimiento en los Smart Contracts

Respecto al consentimiento el artículo 1262 del Código Civil en su último párrafo señala que *en los contratos celebrados mediante dispositivos automáticos hay consentimiento desde que se manifiesta la aceptación.*

Sin embargo, en el consentimiento de los *Smart Contract* pueden existir complicaciones ya que es importante que se lleve a cabo la verificación de la identidad de los contratantes de manera suficientemente eficiente, es en este punto donde la tecnología *Blockchain* está encontrando mayor dificultad por que dar **garantías** de quién es la persona al otro lado de la transacción y por tanto del contrato no es tarea sencilla.

En la actualidad, se está buscando incesantemente un sistema de identificación, numerosas empresas como Nodalblock[37] están creando algoritmos que recaben las evidencias probatorias de identificación (datos identificativos, documentos de identidad e incluso pruebas biométricas).

3.2. El objeto en los Smart Contracts

Como señala el artículo 1271 del Código civil: *Pueden ser objeto de contrato todas las cosas que no están fuera del comercio de los hombres, aun las futuras. Además, pueden ser igualmente objeto de contrato todos los servicios que no sean contrarios a las leyes o a las buenas costumbres.*

Por otro lado, el artículo 1272 del Código de Comercio, dispone que *no podrán ser objeto de contrato las cosas o servicios imposibles.*

En los *Smart Contracts* **su objeto tiene que ver con activos digitales** como las **criptodivisas** que pueden ser **Bitcoin, Ehtereum,** *Tokens* u otro tipo de *criptomonedas* personalizados mediante los cuales se permite la equivalencia de monedas con valores financieros. Por otro lado, es importante entender esta tecnología en relación con el *IoT* (Internet de las cosas) cuya concepción implica que los objetos físicos del mundo tengan una *ID* para ser capaces de vincularse a la propiedad de alguien.

3.3. La causa en los Smart Contracts

La causa de un *Smart Contract* **ha de ser verdadera y lícita**, teniendo en cuenta que **la causa es el fin del negocio jurídico que buscan las partes**. No es necesario que esté reflejada de forma expresa puesto que existe una presunción según el artículo 1277 del Código Civil el cual señala que, *aunque la causa no se exprese en el contrato, se presume que existe y que es lícita mientras el deudor no pruebe lo contrario.*

4. PERFECCIÓN DEL CONTRATO EN LOS *SMART CONTRACTS*

Para la formalización y perfección de un *Smart Contract* rigen las mismas condiciones que en los contratos electrónicos, ya que los *Smart Contracts* son desarrollados a través de dispositivos automáticos, resultando ser de aplicación tales preceptos.

Siendo el consentimiento de las partes, el elemento principal de la formación y perfección de los *Smart Contracts* en este sentido el artículo 1.262 del

---

37. *Nodalblock* es una empresa que presta servicios de seguridad lógica y certificación de información a través de la tecnología *Blockchain*. Los certificados de *Nodalblock* proporcionan prueba de contenido, prueba de existencia, sello del tiempo y el lugar (bloque) donde está asegurada la información en *Blockchain*; más información disponible en: https://www.nodalblock.com/es

Código Civil establece que habrá consentimiento desde que se manifieste la aceptación.

Para que exista consentimiento de las partes y se perfeccione un contrato celebrado a distancia electrónicamente debe concurrir **la oferta y la aceptación**. A consecuencia de esto la perfección de un *Smart Contract* se producirá en el preciso instante en el que cada una de las partes desarrolle los actos que, previamente, se hayan programado como necesarios en la aplicación.

En este sentido cobra relevancia la oferta, entendida como toda la información que existe respecto del bien o servicio a contratar o consumir, el contenido de la oferta determinara el consentimiento del contratante.

La concreta configuración técnica del *Smart Contract* determinará la forma en la que se pueda verificar su **autenticidad** y la validez que le reconocerá posteriormente el ordenamiento jurídico. Así, un *Smart Contract* podría configurarse, por ejemplo, en torno a un tercero de confianza, a una red de terceros de confianza, a fedatarios públicos o, incluso, a una red abierta y completamente descentralizada que se apoya en tecnologías como *Blockchain,* la tecnología que se encuentra detrás de la criptomoneda *Bitcoin*.

Cada una de estas posibilidades de configuración aportaría distintas características al *Smart Contracts* según las plataformas o herramientas con las que se hubiesen creado. Así, aquellas herramientas que se apoyen en terceros de confianza o fedatarios públicos podrán cumplir con mayor facilidad específicas normativas aplicables.

La **prueba de celebración del contrato**, así como la autenticidad e integridad de su contenido, es uno de los puntos clave de los *Smart Contracts*. Cuestiones como el **uso de firma electrónica** en el contrato electrónico o la acreditación de su autenticidad, integridad, confidencialidad y trazabilidad de su contenido, deben ser resueltas desde el diseño de dichas herramientas.

5. DERECHO DE DESISTIMIENTO EN LOS *SMART CONTRACTS*

Una de las características de los *Smart Contracts* es que **pueden ejecutarse por sí mismos** cuando los valores predefinidos se cumplen, es decir, que se ejecutan de manera automática y autónoma. A esto habría que añadir que su principal característica es que **se trata de un programa informático**, con la particularidad de que, una vez activadas las secuencias, comandos o instrucciones programadas, basadas en las condiciones reflejadas en el contrato, las partes no intervienen directamente en la ejecución de su cumplimiento, ya que el contrato lo realizará de forma autónoma.

Un primer y rápido análisis revela la manifiesta incompatibilidad entre la irreversibilidad de las transacciones realizadas a través de la tecnología *Block-*

chain y el **derecho de desistimiento del consumidor**. Al respecto el artículo 71.1 del Real Decreto Legislativo 1/2007, de 16 de noviembre, por el que se aprueba el Texto Refundido de la Ley General para la Defensa de los Consumidores y Usuarios y otras leyes complementarias, establece que *el consumidor y usuario dispondrá de un plazo mínimo de **catorce días** naturales para ejercer el derecho de desistimiento.*

Teniendo las transacciones en *Blockchain* un tiempo medio de consolidación de diez minutos, a partir del cual la información contenida en el *distributed ledger* es inalterable, el plazo de catorce días otorgado por la ley queda más que vacío de contenido. Por lo que el derecho al desistimiento debe ser tomado en consideración por el desarrollador del programa que se integra en la cadena de bloques para que se haga efectivo y entre en el marco jurídico establecido por la norma.

6. LAS OBLIGACIONES DE LOS *SMART CONTRACTS*

Las obligaciones de la contratación por vía electrónica se regulan en los artículos 27 y siguientes de la LSSICE. Se establecen una serie de obligaciones previas y posteriores en el proceso de contratación.

El prestador de servicios tiene la **obligación**, antes de iniciar el procedimiento de contratación, de **poner a disposición del destinatario cierta información**. Dicha obligación se dará por cumplida si el prestador la incluye en su página web o sitio de Internet. Además, con carácter previo al inicio del procedimiento de contratación, el prestador de servicios deberá poner a disposición del destinatario **las condiciones generales** a que, en su caso, deba sujetarse el contrato, de manera que éstas puedan ser almacenadas y reproducidas por el destinatario.

Por otro lado, y ahora más que nunca con el **Reglamento (UE) 2016/679 del Parlamento Europeo y del Consejo, de 27 de abril de 2016, relativo a la protección de las personas físicas en lo que respecta al tratamiento de datos personales y a la libre circulación de estos datos y por el que se deroga la Directiva 95/46/CE. Reglamento general de protección de datos (RGPD)**[38], vigente recientemente parece tener especial complejidad, y es precisamente en los puntos en los que *Blockchain* tiene incompatibilidad con esta disposición ya que la tecnología *Blockchain* es descentralizada y distribuida, lo que hace virtualmente imposible identificar a todos los responsables del tratamiento y procesamiento de los datos personales en una transacción que ha de pasar por múltiples nodos dentro de la cadena de bloques. Se añade a esto el riesgo de brechas de seguridad en responsables y encargados del tratamiento que aparentemente están determinados y controlados, la posibilidad de pérdidas

---

38.   DOUE *núm.* 119, de 4 de mayo de 2016.

y accesos no autorizados a datos personales crece exponencialmente con la intervención de multitud de nodos.

Además, **las cadenas de bloques son públicas y transparentes**, por lo que la información está accesible para todos los integrantes, incluidos por supuesto los datos personales de las partes del *Smart Contracts*. A pesar de la encriptación y pseudonimización de datos que permite esta tecnología, está claro que el anonimato pleno está fuera de consideración cuando hablamos de contratación de productos y servicios tales como los de los sectores financieros, de salud y seguros, donde la identificación de los contratantes ha de estar más allá de cualquier género de duda. Esta situación hace que atender los derechos reconocidos por el RGPD a los titulares de los datos personales (en particular los de rectificación, cancelación y el derecho al olvido) sea particularmente complejo.

Otra de las dificultades que debe sortear la tecnología que cree y gestione los *Smart Contracts* es la necesidad de comprobar determinados hechos, acciones o eventos para que sea posible la auto ejecución de las cláusulas. El oráculo es la herramienta que permite la monitorización de la actividad de la red para dicha comprobación y así dar cumplimiento a los compromisos de las partes sin necesidad de su intervención.

Finalmente, otra cuestión para tener en cuenta **es la determinación de la jurisdicción aplicable a contratos celebrados y ejecutados entre partes** que pueden estar en distintos puntos del globo, así como la armonización de legislaciones nacionales que en determinadas materias pueden resultar contradictorias.

Respecto a esta última cuestión el artículo 29 de la LSSICE señala lo siguientes, *los contratos celebrados por vía electrónica en los que intervenga como parte un consumidor se presumirá celebrado en el lugar en que éste tenga su residencia habitual.*

En los contratos entre empresarios, el pacto entre las partes determinará el lugar de la celebración del contrato. A falta de pacto, el contrato se entenderá celebrado en el lugar en que esté establecido el prestador de servicios.

IV.2. MARCO JURÍDICO BÁSICO DE LOS *SMART CONTRACTS*

El marco jurídico que, puede aplicarse a los *Smart Contracts* según el ámbito donde se ejecute podría encuadrarse en las siguientes normativas:

- **Normas sobre obligaciones y contratos contenidos en el Código Civil. Real Decreto de 24 de julio de 1889 por el que se publica el Código Civil.** Nuestro Código Civil regula la Teoría General de los Contratos en el Título II De los contratos, dentro de su Libro IV De las obligaciones y contratos (del Art. 1254, Código Civil al Art. 1314, Código Civil)[39].

- **Normativa sobre contratación electrónica de la Ley de Sociedad de la Información y del comercio electrónico (LSSICE): Ley 34/2002, de 11 de julio, de Servicios de la Sociedad de la Información y de Comercio Electrónico**[40]. El objetivo que persigue esta normativa es regular el régimen jurídico de los servicios relacionados con Internet y la contratación electrónica.

- **Reglamento (UE) 2016/679 del Parlamento Europeo y del Consejo, de 27 de abril de 2016, relativo a la protección de las personas físicas en lo que respecta al tratamiento de datos personales y a la libre circulación de estos datos**[41]. El RGPD, tiene por objeto garantizar y proteger, en lo que concierne al tratamiento de los datos personales, las libertades públicas y los derechos fundamentales de las personas físicas, y especialmente de su honor e intimidad personal y familiar.

- **Real Decreto Legislativo 1/2007, de 16 de noviembre, por el que se aprueba el Texto Refundido de la Ley General para la Defensa de los Consumidores y Usuarios y otras leyes complementarias**[42]. Texto refundido de la Ley General para la Defensa de los Consumidores y Usuarios y otras Leyes complementarias y la regulación sobre contratos con los **consumidores o usuarios celebrados fuera de los establecimientos mercantiles y a distancia**; las disposiciones sobre garantías en la venta de bienes de consumo; la regulación sobre responsabilidad civil por los daños causados por productos defectuosos y la regulación sobre viajes combinados.

- **Real Decreto 1163/2005, de 30 de septiembre, por el que se regula el distintivo público de confianza en los servicios de la sociedad de la información y de comercio electrónico, así como los requisitos y el procedimiento de concesión**[43]. Este real decreto establece las condiciones que deben reunir tales códigos de conducta, la concesión y retirada del distintivo y el procedimiento aplicable.

- **Ley 22/2007, de 11 de julio, sobre comercialización a distancia de servicios financieros destinados a los consumidores**[44]. Regulación específica sobre **comercialización a distancia** de los servicios

---

39. BOE *núm.* 206, de 25 de julio de 1889.
40. BOE *núm.* 166, de 12 de julio de 2002.
41. DOUE *núm.* 119, de 4 de mayo de 2016.
42. BOE *núm.* 287, de 30 de noviembre de 2007.
43. BOE *núm.* 241, de 8 de octubre de 2005.
44. BOE *núm.* 166, de 12 de julio de 2007.

financieros, dentro del objetivo general de ofrecer una adecuada protección a los clientes consumidores de servicios financieros, contiene elementos peculiares.

• **Ley 7/1998, de 13 de abril, sobre condiciones generales de la contratación**[45]. La presente Ley tiene por objeto la transposición de la Directiva 93/13/CEE, del Consejo, de 5 de abril de 1993, sobre cláusulas abusivas en los contratos celebrados con consumidores, así como la regulación de las condiciones generales de la contratación.

• **Ley 59/2003, de 19 de diciembre, de firma electrónica**[46]. Esta ley regula la firma electrónica, su eficacia jurídica y la prestación de servicios de certificación.

• **Directiva 2000/31/CE del Parlamento Europeo y del Consejo, de 8 de junio, relativa a determinados aspectos jurídicos de los servicios de la sociedad de la información, en particular el comercio electrónico en el mercado interior (Directiva sobre el comercio electrónico)**[47]. El objetivo de la presente Directiva es crear un marco jurídico que garantice la libre circulación de los servicios de la sociedad de la información entre Estados miembros.

• **Directiva 2002/58/CE del Parlamento Europeo y del Consejo, de 12 de julio, relativa al tratamiento de los datos personales y a la protección de la intimidad en el sector de las comunicaciones electrónicas (Directiva sobre la privacidad y las comunicaciones electrónicas)**[48]. Esta Directiva armoniza las disposiciones de los Estados miembros necesarias para garantizar un nivel equivalente de protección de las libertades y los derechos fundamentales y, en particular, del derecho a la intimidad, en lo que respecta al tratamiento de los datos personales en el sector de las comunicaciones electrónicas, así como la libre circulación de tales datos y de los equipos y servicios de comunicaciones electrónicas en la Comunidad. Además, protegen los intereses legítimos de los abonados que sean personas jurídicas.

• **Directiva 2002/65/CE del Parlamento Europeo y del Consejo de 23 de septiembre de 2002 relativa a la comercialización a distancia de servicios financieros destinados a los consumidores, y por la que se modifican la Directiva 90/619/CEE del Consejo y las Directivas 97/7/CE y 98/27/CE**[49]. La presente Directiva tiene

---

45. BOE *núm.* 89, de 14 de abril de 1998.
46. BOE *núm.* 304, de 20 de diciembre de 2003.
47. DOCE *núm.* 178, de 17 de julio de 2000.
48. DOCE *núm.* 201, de 31 de julio de 2002.
49. DOCE *núm.* 271, de 9 de octubre de 2002.

por objeto aproximar las disposiciones legales, reglamentarias y administrativas de los Estados miembros relativos a la comercialización a distancia de servicios financieros destinados a los consumidores.

- **Reglamento (UE) 2016/679 del Parlamento europeo y del Consejo de 27 de abril de 2016, relativo a la protección de las personas físicas en lo que respecta al tratamiento de datos personales y a la libre circulación de estos datos y por el que se deroga la Directiva 95/46/CE (Reglamento general de protección de datos)**[50].

El Reglamento establece las normas relativas a la protección de las personas físicas en lo que respecta al tratamiento de los datos personales y las normas relativas a la libre circulación de tales datos en la Unión Europea.

- **Reglamento (UE) n.º 910/2014 del Parlamento Europeo y del Consejo, de 23 de julio de 2014, relativo a la identificación electrónica y los servicios de confianza para las transacciones electrónicas en el mercado interior y por la que se deroga la Directiva 1999/93/CE**[51]. Este reglamento hace referencia expresa a los diferentes niveles de seguridad que podrán tener los sistemas de identificación electrónica, y que permitirán la identificación y autenticación de los usuarios con unas garantías de seguridad diferentes, pero que permitirán adaptar dicho nivel de seguridad, al nivel de riesgo asociado al trámite, servicio o proceso que vaya a ser realizado por medios electrónicos. Con el objetivo de garantizar el correcto funcionamiento del mercado interior aspirando al mismo tiempo a un nivel de seguridad adecuado de los medios de identificación electrónica y los servicios de confianza.

---

50. DOUE *núm.* 119, de 4 de mayo de 2016.
51. DOUE *núm.* 257, de 28 de agosto de 2014.

Los *Smart Contracts*: cuestiones de Derecho Internacional Privado

La contratación electrónica por medio de internet como es el caso de los *Smart Contracts* suscita un gran interés para el Derecho Internacional Privado, ya que Internet supone un contexto propiamente internacional y deslocalizado, por estos motivos en ocasiones no es viable dar respuesta a los conflictos que puedan ocasionar la contratación a través de los *Smart Contracts* a través de los regímenes jurídicos tradicionales e internos de cada Estado ya que no existe en el ámbito de Derecho Internacional Privado un sistema jurídico armonizado de los contratos concluidos a través de Internet. Cada país dispone de sus propias normas que regulan las relaciones jurídicas que surgen entre personas, a su vez, en ocasiones en un mismo Estado pueden convivir varias normativas de carácter estatal con otras de carácter local, regional o supranacional. Por lo tanto, si nos encontramos ante una situación privada cuando todos sus elementos se encuentran ubicados en un único Estado, estaríamos ante un supuesto jurídico interno, pero una vez que en una relación jurídica aparece un elemento extranjero, ya estamos ante la situación privada internacional[52].

Dichas relaciones privadas internacionales, es decir aquellas, que contienen un elemento extranjero presentan mayor complejidad ya que en estas relaciones se cruzan distintos ordenamientos jurídicos, y es ahí donde entra en juego el Derecho Internacional Privado con el objetivo de aportar soluciones a las relaciones jurídicas que surgen en el ámbito transfronterizo, con principales cuestiones jurídicas a resolver como es la competencia judicial internacional y la determinación de la ley aplicable.

En este sentido la única vía factible para ofrecer soluciones para los conflictos que puedan surgir en este tipo de relaciones jurídicas contractuales a través de internet como es el caso de los *Smart Contracts* en el ámbito europeo, es aplicando el régimen general de obligaciones contractuales regulado en los Reglamentos Europeos. Esta relación contractual se puede ejecutar de dos formas, dependiendo de los sujetos que participan en el contrato, por lo que debemos diferenciar los *Smart Contracts* celebrados entre empresas (B2B) y los *Smart Contracts* celebrados entre empresarios y consumidores (B2C). Las diferentes circunstancias que rodean a estas relaciones contractuales, así como en especial la presencia de una parte débil en una de ellas, suponen una diferenciación en cuanto al régimen jurídico aplicable a las mismas e igualmente abren las posibilidades a la utilización de mecanismos distintos para la resolución de las controversias que pueden surgir en este ámbito.

V.1. COMPETENCIA JUDICIAL INTERNACIONAL Y *SMART CONTRACTS*

Para determinar la Competencia Judicial Internacional y la ley aplicable a los conflictos contractuales ocasionados por los *Smart Contracts*, realizaremos el análisis desde dos perspectivas:

- Desde la perspectiva de los *Smart Contracts* celebrados entre empresas (B2B).

- Desde la perspectiva de los *Smart Contracts* celebrados entre empresarios y consumidores (B2C), donde existe una protección especial al consumidor por ser considerado parte débil de la relación jurídica.

La determinación de la jurisdicción competente es uno de los mayores desafíos en la aplicación de *Smart Contracts*, ya que estos contratos pueden involucrar a partes ubicadas en diferentes países y estar sujetos a diversas legislacio-

---

52. *Vid.*, FERNÁNDEZ ROZAS, J. C. y SÁNCHEZ LORENZO, S., *Derecho Internacional Privado*, 7.ª ed., Civitas, Madrid, 2013, p. 577.

nes nacionales. La falta de un marco regulatorio uniforme a nivel internacional agrava esta situación.

El Reglamento Roma I y el Reglamento Bruselas I bis son instrumentos esenciales en la Unión Europea para determinar la ley aplicable y la jurisdicción competente en contratos internacionales. Sin embargo, la aplicación de estos reglamentos a los *Smart Contracts* presenta varios desafíos. La naturaleza auto-ejecutable y la descentralización de los *Smart Contracts* dificultan la identificación de una jurisdicción única que pueda resolver disputas de manera efectiva. Por ejemplo, en un *Smart Contract* típico, los datos y las transacciones pueden estar distribuidos a través de múltiples nodos en diferentes países, lo que complica la aplicación de las normas tradicionales de competencia judicial.

En la práctica, los tribunales españoles han comenzado a abordar estos desafíos mediante la adaptación de las reglas existentes. Un caso destacado es el análisis de la competencia judicial en disputas relacionadas con la compra y venta de criptomonedas a través de plataformas descentralizadas. En estos casos, los tribunales han considerado factores como el lugar donde se llevó a cabo la oferta o donde se encuentra el servidor principal de la plataforma para determinar la jurisdicción competente.

Un estudio de caso relevante es el conflicto judicial entre una empresa española y un proveedor de servicios blockchain con sede en otro país europeo. La disputa surgió de un *Smart Contract* mal ejecutado, y la empresa española demandó al proveedor en España. El tribunal español aplicó el Reglamento Bruselas I bis y determinó que tenía competencia sobre el caso porque el daño se había producido en España y la empresa española había celebrado el contrato en su territorio.

Otro ejemplo significativo es el uso de cláusulas de jurisdicción en los *Smart Contracts*. Algunas plataformas de blockchain permiten a los usuarios incluir cláusulas que designan una jurisdicción específica para la resolución de disputas. Aunque esta práctica puede proporcionar cierta claridad, también plantea problemas legales. Las cláusulas de jurisdicción deben ser aceptadas explícitamente por ambas partes y cumplir con los requisitos formales del Derecho Internacional Privado para ser consideradas válidas. Sin embargo, la aceptación implícita mediante la mera participación en una plataforma de blockchain podría no ser suficiente en algunos sistemas jurídicos.

Para determinar la Competencia judicial Internacional acudiremos a los instrumentos normativos siguientes: a) Reglamento (UE) n.º 1215/2012 del Parlamento Europeo y del Consejo, de 12 de diciembre de 2012, relativo a la competencia judicial, el reconocimiento y la ejecución de resoluciones judiciales en materia civil y mercantil (= Reglamento «Bruselas I Bis»); b) Convenio relativo a la competencia judicial, el reconocimiento y la ejecución de resoluciones judiciales en materia civil y mercantil, hecho en Lugano el 30 de octubre 2007 (= Convenio de «Lugano II»); y, c) Ley Orgánica 7/2015, de 21 de julio, por la que se modifica la Ley Orgánica 6/1985, de 1 de julio, del Poder Judicial (= LOPJ 2015).

1. RELACIONES CONTRACTUALES ENTRE EMPRESAS MEDIANTE *SMART CONTRACTS*

Los *Smart Contracts* entre empresarios (*B2B*), se relacionan con el uso de Servidores Seguros, que se reconocen por su navegación mediante el Protocolo *HTTPS*[53] y que proporciona a las empresas la posibilidad de hacer todo tipo de compra-venta a través de Internet en tiempo real, por lo que las empresas podrían usar los *Smart Contracts* en una de las fases de la contratación o en toda la relación contractual. En este tipo de relación comercial no se tendrá en cuenta al destinatario final, es decir, se trata de un contrato que se concluye exclusivamente entre empresas, si incluimos el cliente final no estaríamos hablando del contrato (*B2B*), sino del contrato (*B2C*).

Para determinar la competencia judicial internacional en las controversias que pueden surgir de *Smart Contracts* entre empresas (B2B), tenemos que aplicar las reglas generales previstas en el Reglamento «Bruselas I bis» referente a la competencia judicial internacional, el reconocimiento y la ejecución de resoluciones judiciales en materia civil y mercantil.

1.1. Foros de competencia en el Reglamento de «Bruselas I bis» y en el Convenio de «Lugano II»

En materia contractual existe concurrencia de foros:

a) **Foro general de la sumisión expresa**

La voluntad de las partes de elegir el Tribunal sólo será válida cuando se cumplan dos requisitos. Por un lado, se debe tratar de una elección por ambas partes contratantes de un Tribunal de un Estado parte. En segundo lugar, al menos una de las partes del conflicto debe tener su domicilio en un Estado miembro. Si no se cumpliese ambas condiciones no procedería la aplicación de las reglas comprendidas en dicha disposición. Además, el pacto sobre el Tribunal competente se debe celebrar por escrito. Con esa condición, se quiere garantizar que el acuerdo concluido entre los contratantes del Tribunal competente se ha perfeccionado con pleno consentimiento de ambas partes. Así lo establece el artículo 7 del Reglamento «Bruselas I bis» y el artículo 5 del Convenio de

---

53. Se trata de un protocolo de aplicación, que permite transferir los datos vía electrónica con toda la seguridad, ocasionalmente utilizado por las tiendas *online*, bancos y en general por todos los portales *web* donde se necesita enviar datos personales o las contraseñas.

«Lugano II», tal como señala el artículo 25 del Reglamento «Bruselas I bis» y artículo 23 del Convenio de «Lugano II».

b) **Foro general de la sumisión tacita**

Está previsto en el artículo 26 del Reglamento «Bruselas I bis» y en el artículo 24 del Convenio de «Lugano II».

El artículo 26 del Reglamento «Bruselas I bis» atribuye competencia al tribunal ante el cual compareciere el demandado, salvo que el objeto de su comparecencia sea impugnar la competencia o exista otra jurisdicción exclusivamente competente en virtud del artículo 24.

Respecto a los foros generales sería necesario que en los *Smart Contracts* utilizados en este tipo de relación contractual, se cumplan los requisitos establecidos en la normativa. Una de las formas para llevar a cabo las exigencias establecidas en la normativa, seria, que al desarrollar el *Smart Contract* se configure, para que ambas empresas manifiesten su acuerdo en cuanto a la competencia judicial que deseen acordar, esta configuración se almacenaría en las cadenas de bloques, siendo estos medios de prueba de que el acuerdo se llevó a cabo por ambas partes de forma voluntaria y escrita. En la aplicación de la sumisión tacita no se ve complicación ya que se establecerá cuando el demandado responda a la demanda.

c) **Foros concurrentes**

El domicilio del demandado en un Estado miembro, en principio funciona sin complejidad, siempre y cuando una empresa (demandante) que ha establecido una relación contractual por medio de un *Smart Contract* quiera iniciar un procedimiento judicial frente a la otra empresa (demandado). Se debe identificar el domicilio habitual de la empresa que se encuentra en la posición de demandado. En algunas ocasiones la identificación del domicilio del demandado podría presentar dificultad en su identificación ya que algunas empresas que operan a través de Internet proporcionan el «domicilio aparente» o incluso no dicen nada sobre su localización, este inconveniente se subsanaría a través de mecanismos como firma electrónica que se podrían usar en los *Smart Contracts*.

La normativa señala que las personas domiciliadas en un Estado miembro estarán sometidas, sea cual sea su nacionalidad, a los órganos jurisdiccionales de dicho Estado, artículo 4 del Reglamento «Bruselas I bis» y artículo 2 del Convenio de «Lugano II».

En materia contractual será ante el órgano jurisdiccional del lugar en el que se haya cumplido o deba cumplirse la obligación que sirva de base a la demanda, dicho lugar será el establecido por el Artículo 7 del Reglamento «Bruselas I bis» y artículo 5 del Convenio de «Lugano II». En los foros concurrentes quien rompe los foros es el demandante.

Como hemos señalado anteriormente el primer inconveniente que se puede plantear en relación con los contratos internacionales realizados a través de los *Smart Contracts* entre empresas (B2B), es que cabe la posibilidad de desconocer el domicilio del demandado ya que es muy común, en las contrataciones a través de los medios electrónicos que las empresas no identifiquen correctamente sus datos ni en qué Estado tienen su domicilio. Para resolver este tipo de dificultad, en la normativa nacional española se han propuesto dos soluciones, por un lado, la utilización de la firma digital y, por otro lado, es obligatorio que las empresas que actúan en el mercado económico a través de Internet se identifiquen. Por lo que al realizar un contrato mediante un *Smart Contract* se deberá tener en cuenta los datos proporcionados de ambas empresas al configurar el contrato.

2. RELACIONES CONTRACTUALES ENTRE EMPRESAS, CONSUMIDORES Y *SMART CONTRACTS*

2.1. Foros de protección en el Reglamento «Bruselas I bis» y en el Convenio de «Lugano II»

Los *Smart Contracts* aplicados a la contratación de bienes y servicios se transmiten por medio de un sistema electrónico de contratación a distancia, establecido por el vendedor, siendo comprador un consumidor, es decir, el destinatario final del producto o servicio.

En los contratos de consumo el consumidor es considerado como parte más débil dentro de la contratación internacional, por lo que tiene sus propias soluciones con el fin de protegerlos. En estos casos se aplican los artículos 17 a 19 del Reglamento «Bruselas I bis» y el Convenio de «Lugano II», los artículos 15 a 17 cuyo ámbito de aplicación será territorio «Lugano II» (= Noruega, Islandia y Suiza).

- **Si el que demanda es el consumidor**: El consumidor puede demandar al empresario, a su elección, ante los tribunales siguientes: 1º) Tribunales del Estado miembro en que estuviera domiciliado el empresario, o 2º) Tribunales del país en el que estuviera domiciliado el consumidor.

- **Si el que demanda es el empresario:** La acción entablada contra el consumidor por la otra parte contratante sólo podrá interponerse ante los tribunales del Estado miembro en que estuviera domiciliado el consumidor.

Empresario y consumidor pueden acudir a los tribunales expresamente pactados entre ellos. Pero, para ello, es preciso que tales pactos sean posteriores al nacimiento del litigio o permitan al consumidor formular demanda ante tribunales distintos de los indicados en el Reglamento o en el Convenio.

3. RELACIONES CONTRACTUALES ENTRE EMPRESAS, CONSUMIDORES, *SMART CONTRACTS* Y LEY ORGÁNICA DEL PODER JUDICIAL DE 2015

Para la aplicación de la LOPJ 2015, en controversias a causa de un *Smart Contract* tenemos que buscar los puntos de conexión con el foro español. se Aplicará en materia contractual el artículo 22 quinquies, cuando exista autonomía de la voluntad será de aplicación el artículo 22 bis.

V.2. DETERMINACIÓN DE LA LEY APLICABLE Y *SMART CONTRACTS*

Para la determinación de la Ley aplicable, será de aplicación el **Reglamento (CE) N.º 593/2008 del Parlamento Europeo y del Consejo de 17 de junio de 2008, sobre la ley aplicable a las obligaciones contractuales Reglamento «Roma I»,** que resulta plenamente aplicable a la comercialización electrónica y por tanto a los *Smart Contracts*. Al igual que en la determinación de la Competencia Judicial Internacional distinguiremos entre: relación contractual entre empresarios (*B2B*) mediante *Smart Contracts* y relación contractual entre empresario y consumidor (*B2C*) mediante *Smart Contracts*.

1. LEY APLICABLE A LAS RELACIONES CONTRACTUALES ENTRE EMPRESAS MEDIANTE *SMART CONTRACTS*

El Reglamento «Roma I» a la hora de determinar la ley aplicable a los contratos internacionales mediante *Smart Contracts (B2B) propone* dos vías:

• Por un lado, la autonomía de la voluntad de las partes para elegir la ley aplicable.

• Por otro lado, en defecto de la anterior, el Derecho aplicable se determinará según las reglas previstas en el artículo 3 y 4 del Reglamento «Roma I».

1.1. Autonomía de la voluntad y elección de la ley aplicable

En la contratación interna, las partes tienen plena libertad para establecer el contenido de los contratos, lo que se denomina autonomía material, regulada en el artículo 1255 del Código Civil español. Sin embargo, en el ámbito internacional se habla de la autonomía conflictual. Tal autonomía se refiere a la posibilidad que tienen las partes de elegir el Derecho aplicable al contrato de naturaleza internacional, a diferencia de la autonomía material que actuaría exclusivamente en el ámbito de la ley material así elegida. El artículo 3 del Reglamento «Roma I» prevé el principio de autonomía de la voluntad a la hora de determinar la ley del contrato, el apartado primero de dicha disposición permite que las partes contratantes elijan la ley que regirá el contrato. Con el término «Ley» se entiende que uno de los requisitos que debe manifestar dicha ley elegida es que debe de tratarse de un Derecho estatal, aunque la propia Exposición de Motivos del Reglamento «Roma I» no impide que las partes escojan como ley aplicable a su contrato un convenio internacional o un Derecho de naturaleza no estata[54].

Respecto a la regla general lo establece el artículo 3.1 el cual señala que el contrato se regirá por la ley elegida por las partes. Esta elección deberá manifestarse expresamente o resultar de manera inequívoca de los términos del contrato o de las circunstancias del caso. Por esta elección, las partes podrán designar la ley aplicable a la totalidad o solamente a una parte del contrato. Esta autonomía de la voluntad para elegir la ley aplicable tiene como límite lo establecido en las normas imperativas.

1.2. La ley aplicable en ausencia de elección por las partes. Los ocho tipos de contratos del artículo 4.1 del Reglamento «Roma I». Conexión subsidiaria

El artículo 4 del Reglamento «Roma I», regula la aplicación de la ley, en los supuestos cuando las partes contratantes no hayan acordado qué Derecho será aplicable al contrato, exceptuando algunas categorías de contratos que se regirán por un sistema especial, que son previstos en los artículos: 5 (= contratos de transporte), 6 (= contratos de consumo), 7 (= contratos de seguros) y 8 (= contratos individuales del trabajo) del Reglamento «Roma I».

En primer lugar, el artículo 4.1 del Reglamento «Roma I», se dedica determinar la ley aplicable según el tipo de contrato que se trate, previendo, que será aplicable la normativa del Estado de la residencia habitual de una de las partes del contrato o de ubicación donde se encuentra el elemento principal del contrato. Como señala este precepto la ley aplicable al contrato realizado se determinará conforme al tipo de contrato, y establece 8 tipos diferentes.

Para los contratos que no se encuentren incluidos en el apartado 4.1 se regirán por la ley del país donde tenga su residencia habitual la parte que deba realizar la prestación característica del contrato.

---

54. *Vid.,* ESPLUGUES MOTA, C. y IGLESIAS BUHIGUES, J. L., *Derecho Internacional Privado*, Tirant lo Blanch, Valencia, 2012, p. 501.

1.3. La ley aplicable en ausencia de elección por las partes del artículo 4.2 del Reglamento «Roma I»

En defecto de todo lo anterior, es decir que las partes no hayan elegido la ley aplicable o que los contratos no estén incluidos en el artículo 4.1 y sea difícil determinar quién es el prestador de servicios, el reglamento ofrece la solución en los artículos 4.2.

El apartado segundo del artículo 4 del Reglamento «Roma I», prevé el mecanismo de la ley aplicable para los demás contratos o para aquellos *contratos complejos* que dentro de un mismo contrato impliquen diversos tipos contractuales del apartado primero del mismo artículo, la normativa aplicable será la del Estado de la residencia habitual del contratista que debe ejecutar la prestación característica prevista en el acuerdo. Aunque el Reglamento «Roma I» no incluye el significado de prestación característica, podemos precisar la noción de dicha prestación como aquella que se refiere a la obligación del contrato que describe el tipo de acuerdo, y muestra su función económico-jurídica[55]. Por la regla general, para localizar en un contrato la prestación característica se suele atender a aquella parte del acuerdo y a aquella persona contratante que debe de realizar la contraprestación que consiste en el pago de dinero, ya que el objeto y la esencia del contrato será dicho pago. Sin embargo, en aquellos contratos cuando no será posible determinar la prestación característica en base al pago de dinero, la regla anterior no será de aplicación y habrá que buscar otros criterios, como la diferente responsabilidad o riesgo que cada prestación supone, para identificar dicha prestación característica.

Donde más dificultades pueden suscitar para poder localizar la prestación característica, es en el ámbito del moderno tráfico mercantil, en el que se extienden contratos atípicos, como el supuesto de los *Smart Contracts*, contratos de *joint-venture*[56] o contratos de *co-branding*[57], en ocasiones este tipo de contratos encajaran en alguno de los contratos previstos en el apartado primero del artículo 4 del Reglamento «Roma I», como son los contratos de distribución o de franquicia. En otras ocasiones nos encontraremos con limitaciones y dificultades para poder determinar el Derecho aplicable de estos contratos atípicos, como es el supuesto de los contratos sobre los derechos de propiedad industrial e intelectual.

En aquellos casos donde no se pueda identificar la prestación más característica de un contrato o del conjunto de los elementos que componen un con-

---

55. *Vid.*, FERNÁNDEZ ROZAS, J. C. y SÁNCHEZ LORENZO, S., *Derecho Internacional Privado, op. cit.,* p. 563.
56. El acuerdo *joint-venture se* refiere al pacto entre dos o más empresas diferentes de asociarse o juntarse con el fin de realizar un proyecto de negocio en común.
57. El contrato *co-branding* se refiere a la asociación de marcas de compañías diferentes para posteriormente crear marcas conjuntas o para crear entre diferentes empresas que venden el mismo producto sitios web compartidos.

trato, habrá que analizar cada supuesto individualmente a la condición de los vínculos más estrechos que presenta el acuerdo con un determinado ordenamiento jurídico, ya que no cabe la posibilidad de aplicar varias normativas de distintos países como las leyes aplicables al contrato mixto.

1.4. Criterio de los vínculos manifiestamente más estrechos del artículo 4.3 del Reglamento «Roma I». Cláusula de escape

El criterio de los vínculos manifiestamente más estrechos del artículo 4.3 de Reglamento «Roma I» operará en aquellos supuestos, cuando el contrato de que se trate no se identificará con ninguno de los previstos en el apartado primero del artículo 4 del Reglamento «Roma I», o cuando no se pueda identificar cuál es la residencia habitual del prestador característico. Así, el artículo 4.3 del Reglamento «Roma I» prevé la llamada cláusula de escape, con el principal objetivo de impedir que a los contratos internacionales se apliquen una normativa de un determinado país que no presenta vínculos manifiestamente más estrechos. El legislador europeo a la hora de elaborar la cláusula de escape analizo la importancia del interés de los contratantes y del propio comercio internacional ya que iría en contra de dichos intereses aplicar una normativa que no tiene ninguna vinculación con el acuerdo. Por otro lado, dicha cláusula de escape corresponde a la condición de proximidad que debe de mantener el acuerdo y ley aplicable. Según dicha norma, el principio de los vínculos manifiestamente más estrechos es una herramienta que desempeña una función correctora de las opciones previstas en los apartados primero y segundo del artículo 4 del Reglamento «Roma I».

1.5. Criterio de los vínculos más estrechos del artículo 4.4 del Reglamento «Roma I». Cláusula de cierre

Por otra parte, la regla prevista en el apartado cuarto del artículo 4 del Reglamento «Roma I» se aplicará en los supuestos cuando los acuerdos no se identificarán con ningún tipo del contrato previsto en el apartado primero del mismo artículo, y tampoco será posible determinar la residencia habitual de la parte del acuerdo que debe realizar la obligación característica, a estos contratos se aplicará la normativa del Estado con la que presente los vínculos más estrechos.

La opción que ofrece el artículo 4.4 del Reglamento «Roma I» en este caso actúa como una cláusula de cierre para determinar el Derecho aplicable al contrato. El Reglamento «Roma I» no contiene ninguna precisión que se debe de entender por la vinculación más estrecha, aparte de la indicación en su Preámbulo, que a la hora de precisar el Estado con el que el acuerdo presenta los vínculos más estrechos hay que tener en cuenta, entre otros aspectos, si el acuerdo guarda una relación muy estrecha con otro acuerdo o varios acuerdos. Con ocasión, será necesario acudir a la regla del apartado cuarto del artículo 4 del Reglamento «Roma I», cuando el contrato estará compuesto por más de un contrato regulado en el apartado primero del mismo artículo, ya que en estos supuestos cuando se trata de los contratos mixtos muchas veces suele ser difícil determinar cuál es la prestación característica.

Recapitulando lo que establece el artículo 4 del Reglamento «Roma I», podemos ver que nos ofrece tres soluciones:

– Por el artículo 4.1 tenemos ocho tipos de relaciones contractuales a las que se puede aplicar este artículo.

– Por el artículo 4.2, cuando no cabe el 4.1, el contrato se regirá por ley del país donde tenga su residencia habitual la parte que deba realizar la prestación, es decir el vendedor.

– El artículo 4.3 y 4.4, se dan en los vínculos más estrechos y actúan como cláusula de cierre.

Analizando los artículos 3 y 4, del Reglamento «Roma I» podemos señalar lo siguiente:

• El contrato se regirá por la ley elegida por las partes.

• A falta de elección se regirá por la ley del país donde el vendedor tenga su residencia habitual.

• El contrato de prestación de servicios se regirá por la ley del país donde el prestador del servicio tenga su residencia habitual.

2. LEY APLICABLE A RELACIONES CONTRACTUALES ENTRE EMPRESARIOS, CONSUMIDORES Y *SMART CONTRACTS*

De la misma forma que en la Competencia Judicial Internacional se considera al consumidor la parte más vulnerable de la relación comercial por lo que se le establece mayor protección. En este tipo de relación contractual es frecuente que la elección de la Ley sea, una Ley impuesta por el empresario o profesional al consumidor, por lo que el consumidor no tiene otra salida que aceptar dicha elección si quiere contratar.

En general, todo contrato celebrado entre profesional y consumidor está cubierto por el artículo 6 del Reglamento «Roma I». En el caso de contratos celebrados por consumidores en las condiciones materiales, subjetivas y espaciales exigidas por el artículo 6 Reglamento «Roma I», el contrato se regirá por la Ley elegida por los contratantes siempre que dicha elección no comporte, para el consumidor, la pérdida de la protección que le proporcionen aquellas disposiciones que no puedan excluirse mediante acuerdo en virtud de la ley que, a falta de elección, habría sido aplicable de conformidad con el apartado 1 del artículo 6 Reglamento «Roma I». Por tanto, si la Ley elegida por las partes ofrece una protección jurídica al consumidor que resulta inferior a la que brindan las disposiciones imperativas de la Ley del Estado de la residencia habitual del consumidor, dicha Ley elegida no se aplicará al contrato. En defecto de una válida elección de Ley, el contrato de consumo se regirá por la Ley del país de la residencia habitual del consumidor.

Una vez analizado la normativa correspondiente para la determinación de la Ley aplicable, debemos señalar que para poder aplicar las reglas previstas en los artículos 3 y 4 del Reglamento «Roma I» en los *Smart Contracts* hay que tener en cuenta dos aspectos:

– Por un lado, la situación física de los servidores, ya que dicho lugar del servidor a la hora de determinar el Derecho aplicable a un contrato celebrado entre empresas a través *Smart Contracts* será irrelevante.

– Por otro lado, debemos tener en cuenta la posibilidad de la sede aparente del prestador característico, ya que a menudo, la parte contratante que se considera ser el prestador característico tiene su establecimiento en un Estado determinado, pero en su página web se puede presentar como si fuera una compañía de otro Estado.

Cuando se pueda demostrar de modo evidente que el contrato internacional celebrado a través *Smart Contracts* entre empresas, presenta vínculos manifiestamente más estrechos con un determinado Estado, el acuerdo se regirá por la normativa de dicho Estado. Asimismo, se acoge a la normativa de un determinado Estado que presenta los vínculos más estrechos con el acuerdo y cuando las reglas de los apartados uno y dos del artículo 4 del Reglamento «Roma I» para la determinación de la Ley aplicable a este tipo de contrato no proceden.

De esta forma, la determinación del Derecho aplicable a los *Smart Contracts* entre empresas (*B2B*) procederá, en primer lugar, cuando no sea posible determinar cuál es la prestación característica del acuerdo, en segundo lugar, cuando en el momento de conclusión del contrato no se conocerá la sede del prestador, y, por último, cuando en el contrato se prevea que la prestación característica se debe realizar desde dos distintos países. Debido a las características singulares de los *Smart Contracts* siendo la principal su auto ejecución, cabe señalar que en este tipo de relaciones contractuales las controversias que puedan llegar a surgir serán mínimas, ya que los *Smart Contracts* están programados para que la ejecución del contrato se realice de forma segura para ambas partes, el conflicto que puede surgir de este tipo de relación contractual será posteriormente y es ahí donde entrarían las normas del Derecho Internacional Privado.

Es cierto que aún quedan bastantes consideraciones legales por resolver con respecto a los *Smart Contracts*, como el derecho al olvido. Pero el mundo, y sus legislaciones, ya se están abriendo a ellos, por ejemplo, en Arizona (Estados Unidos) se ha determinado que tienen el mismo estatus legal que los contratos tradicionales[58].

Es importante destacar que en el futuro es muy probable que, los informáticos deban estudiar regulaciones normativas a un nivel superficial para evitar conflictos de base, y los abogados deban tener al menos conocimientos básicos de programación para entender las limitaciones de la tecnología y ayudar a compatibilizarla con la normativa vigente.

Un tratamiento específico merece la utilización de los *Smart Contracts* a los efectos de acreditar transacciones u otras circunstancias objeto de registro mediante esa tecnología. En principio, las exigencias de forma en relación con una determinada transacción vendrán determinadas por la ley aplicable a la validez formal (en particular, conforme a lo dispuesto en el artículo 11 del Reglamento «Roma I», sin perjuicio de la aplicación de reglas propias en el caso de ciertas exigencias derivadas de la legislación sobre consumidores o propiedad intelectual, así como la eventual incidencia de reglas especiales como la del artículo 25.2 Reglamento «Bruselas I bis» con respecto a la forma escrita en la contratación electrónica, presupuesto de la eficacia de los acuerdos atributivos de competencia). Ahora bien, sin perjuicio de lo anterior, la eficacia probatoria de los *Smart Contracts* para acreditar transacciones u otras circunstancias en el marco de procesos judiciales vendrá en principio determinada, en tanto que cuestión procesal, por la *lex fori*[59].

---

58. Esta decisión constituye la primera resolución a gran escala para la legalización de la tecnología y para su aplicación en una gran cantidad de actividades del día a día. La noticia fue publicada por el *Diario Bitcoin* el 5 de abril del 2017: https://cutt.ly/LZyoIJ

59. *Vid.*, DE MIGUEL ASENSIO, P., «Smart Contracts, blockchain, derechos de autor y Derecho Internacional Privado», disponible en: http://pedrodemiguelasensio.blogspot.com/2019/06/smart-contracts-blockchain-derechos-de.html

VI

Reflexiones finales

PRIMERA. Los contratos inteligentes… ni son «contratos» ni son «inteligentes»: esta es la principal reflexión que se extrae de todo lo estudiado en el presente trabajo, y es la más paradójica, alcanzándose una vez que se profundiza en el estudio de la naturaleza y características de los Smart Contracts, pero, ¿por qué decimos que no son contratos?, que exista un código dentro de una Blockchain que active automáticamente una operación al cumplirse una condición no es un contrato en sí, sino la ejecución de un contrato que ya existía. Previamente, las partes han llegado a un acuerdo formal y el hecho de que eso se ejecute a través de una cadena de bloques o de cualquier otra plataforma es irrelevante para que sea considerado un contrato; ¿Por qué decimos que no son inteligentes?, pues debido a que, en la mayoría de los casos, se tratan de una mera automatización de órdenes básicas previamente establecidas, lo cual, en definitiva, no puede considerarse como muy inteligente.

Es cierto que sus usos potenciales son infinitos. Se trata de una figura novedosa, dinámica, y en constante evolución, cuyos usos potenciales son infinitos. Por ahora, se está abriendo camino en el entorno financiero, donde se utiliza con mucha intensidad para instrumentar lanzamientos de iniciativas *Blockchain*. Otros posibles usos podrían ser: a) en el Comercio. Una vez comprobada por geolocalización la llegada de la mercancía, se genera automáticamente la orden de pago; b) en los alquileres. A través de una cerradura inteligente, el arrendador podría bloquear el acceso a la vivienda al inquilino una vez concluido el contrato; c) por las inmobiliarias. Un sistema similar puede permitir a la empresa abrir la puerta a un sujeto determinado para que visite la casa sin tener que enviar un comercial; d) en el sector seguros. Los datos recogidos por los sensores de un automóvil inteligente pueden ser incorporados directamente al parte de un accidente; y/o, e) en el sector transporte. Un contrato inteligente puede permitir el pago inmediato de la indemnización al pasajero de una aerolínea en caso de retraso o cancelación de su vuelo[60]. No obstante, su propia configuración lleva a concluir que los *Smart Contracts* no tienen, desde el punto de vista técnico jurídico, naturaleza contractual, ni tampoco que puedan considerarse inteligentes por cuanto que se limitan a llevar a cabo procesos automatizados previamente preestablecidos.

La auténtica revolución sería aplicar técnicas de aprendizaje automático para que ese código sea capaz de hacer valoraciones subjetivas por sí mismo, como determinar si una sociedad está válidamente constituida para después ejecutar sobre ella esas órdenes[61].

SEGUNDA. *Smart Contracts* **= Necesaria reflexión desde el Derecho Internacional Privado español.** El surgimiento de los *Smart Contracts* crea la necesidad de reflexionar, desde el Derecho Internacional Privado, sobre el marco jurídico más apropiado a los requerimientos que este fenómeno ira generando a medida que su uso se vaya generalizando. Con el crecimiento del comercio internacional y la aparición de nuevas tecnologías que facilitan las contrataciones de bienes y servicios entre empresas sin tener en cuenta la ubicación geográfica, el Derecho Internacional Privado, ha elaborado respectivos Reglamentos, con el fin, de aportar la mayor seguridad jurídica posible para dichos intercambios comerciales.

En cuanto el Reglamento «Bruselas I bis», que facilita una serie de reglas para determinar la competencia judicial internacional para los supuestos litigiosos en materia contractual[62], contiene suficientes foros de competencia judicial internacional para que ninguna obligación incumplida se quede sin justicia, pero hay que señalar que ha sido redactado por el legislador europeo sin tener en cuenta las contrataciones electrónicas, es por este motivo que se necesitaría una normativa adaptada a la contratación online entre empresas, ya que sería más precisa y resolvería todas las posibles dudas que ocasiona dicha materia.

En cuanto al Derecho aplicable a los contratos internacionales de carácter electrónico, debemos atender a las reglas generales del Reglamento «Roma I». Dicho Reglamento a la hora de ser elaborado por el legislador europeo tampoco ha tenido en cuenta los contratos que se concluyen a través de Internet entre empresas por lo que también sería conveniente tener una normativa específica para este tipo de contratos, porque aportaría una mayor seguridad jurídica.

---

60. *Vid.,* «Así son los "Smart Contracts": si no paga una cuota del coche, ya no podrá abrirlo», disponible en https://elpais.com/economia/2018/12/27/actualidad/1545928372_446750.html
61. *Vid.* https://retina.elpais.com/retina/2018/03/05/tendencias/1520249835_156767.html
62. Se pueden, de forma alternativa, someter las controversias derivadas de los *Smart Contracts* al arbitraje. *Vid.*, en este sentido, en relación con la propuesta de una cláusula arbitral para los *Smarts Contracts*, https://dernegocios.uexternado.edu.co/comercio-electronico/propuesta-de-clausula-compromisoria-para-el-contrato-inteligente-smart-contract

El Reglamento «Roma I» establece, como criterio para decidir la ley aplicable, la autonomía de los contratantes. Las partes pueden escoger la ley aplicable. Atención, pues, a las cláusulas del *Smart Contract*. La elección debe manifestarse expresamente o ser inequívoca. Si las partes no lo fijan en el contrato, se aplicará la ley de la residencia habitual o administración central de la parte que realizará la «prestación característica» del contrato. Por ejemplo: prestación del servicio o entrega del *software*. Y, el Reglamento «Roma I» establece también la ley aplicable, cuando las partes no lo fijaron. Muchos de estos casos son aplicables a *Smart Contracts*. Por ejemplo: la compra de mercancías se rige por la ley de residencia del vendedor, el contrato de servicios por la residencia del prestador, la franquicia o distribución por la del franquiciado o distribuidor. Los contratos de transporte, por la ley de la residencia del pasajero, los contratos de consumo, por la del consumidor.

Tras el Reglamento «Roma I», será de aplicación el artículo 10.5 del Código Civil, que reconoce la autonomía de la voluntad, siempre que se escoja la ley aplicable de forma expresa y que tenga alguna conexión con el negocio. En su defecto, se aplicará la ley nacional común a las partes; o de residencia habitual común, y, finalmente, la ley del lugar de celebración del contrato[63].

Los contratos inteligentes no son problemáticos para el Derecho Internacional Privado también porque el principio de autonomía de las partes permite a las partes de un «contrato inteligente» especificar las leyes nacionales a las que se someterá ese contrato. Incorporado en el artículo 3 del Reglamento «Roma I», el principio de la autonomía de las partes permite a las partes someter su contrato a la ley que deseen y sin requerir una conexión territorial con esa ley. Sin embargo, existe cierta controversia sobre la forma en que este principio podría mantenerse con respecto a los contratos inteligentes. Es difícil ver, sin embargo, cómo se puede representar una elección de ley de manera algorítmica («if-this-then-then-that»). Sobre la base del Reglamento Roma I, la ley aplicable se determina por el principio de la autonomía de las partes. Para la mayoría de los contratos, no se requiere un formulario específico para la definición de los términos. Por lo tanto, debería ser posible (técnica y legalmente) incluir una cláusula de elección de ley en un contrato inteligente. Las partes podrían incluso acordar e implementar una función específica de contrato inteligente que, si se ejecuta, responde con el mensaje: Este contrato ha sido interpretado de acuerdo con la ley suiza y se rige por ella. Si bien, esa elección de la ley también puede incluirse en un acuerdo fuera de un contrato inteligente dado.

En definitiva, el mundo jurídico aún tiene que asimilar plenamente las nuevas realidades de la tecnología, incluidos los contratos inteligentes. Así que, en última instancia, la respuesta a esta pregunta estará en los procesos legales

---

63. *Vid.* http://togas.biz/articulos/articulo-profesionales-e-commerce-y-smart-contracts-smart contract-internacional-2-3-

individuales en jurisdicciones de todo el mundo (y con su ley aplicable correspondiente)[64].

---

64. *Vid.* https://es.cointelegraph.com/news/smart-contracts-are-no-problem-for-the-worlds-legal-systems-so-long-as-they-behave-like-legal-contracts

VII

Bibliografía consultada

ARGELICH COMELLES, C., «Smart contracts o Code is Law: soluciones legales para la robotización contractual», en InDret, 2.20, 2020, disponible: https://indret.com/smart-contracts-o-code-is-law-soluciones-legales-para-la-robotizacion-contractual/

AZARIA, A., EKBLAW, A., VIEIRA, T., y LIPPMAN, A., «MedRec: Using Blockchain for Medical Data Access and Permission Management», 2nd International Conference on Open and Big Data (OBD), 2016, pp. 25-30.

BUTERIN, V., «Ethereum White Paper: A Next-Generation Smart Contract and Decentralized Application Platform», 2015, disponible en: https://ethereum.org/en/whitepaper/

CACHIN, C., «Architecture of the Hyperledger Blockchain Fabric», 2016, disponible en: https://www.zurich.ibm.com/dccl/papers/cachin_dccl.pdf

CALVO CARAVACA, A. L., CARRASCOSA GONZÁLEZ, J., *Derecho Internacional Privado I*, 14.ª edición, Comares, Granada, 2013.

CHOZAS, J. M., «La complejidad respecto al encuadre jurídico de los contratos inteligentes en las categorías existentes del derecho», disponible en: https://www.lawcomputing.es/2018/01/10/la-complejidad-del-encuadre-juridico-del-smart-contract-en-las-categorias-existentes-del-derecho-parte-3

DE MIGUEL ASENSIO, P., «Smart Contracts, blockchain, derechos de autor y Derecho Internacional Privado», disponible en: http://pedrodemiguelasensio.blogspot.com/2019/06/smart-contracts-blockchain-derechos-de.html

ENTRIKEN, W., SHIRLEY, D., EVANS, J., y SACHS, N., «ERC-721 Non-Fungible Token Standard», 2018, disponible en: https://eips.ethereum.org/EIPS/eip-721

ESPAR, O., « Blockchain y Smart Contracts. Su impacto en los contratos de financiación de empresas y los obstáculos a su implementación», en *Diario La Ley*, N.º 9448, Sección Doctrina, 3 de Julio de 2019.

ESPLUGUES MOTA, C., IGLESIAS BUHIGUES, J. L., *Derecho Internacional Privado*, Tirant lo Blanch, Valencia, 2012.

FELIU REY J., «Smart Contract: Concepto, ecosistema y principales cuestiones de Derecho privado», en *Revista la Ley Mercantil*, N.º 47, Ed. Wolkers Kluwer, 2018.

FERNÁNDEZ BURGUEÑO, P., «La contratación electrónica en el ordenamiento jurídico español», disponible en: http://www.pabloburgueno.com/2010/06/la-contratacion-electronica-en-elordenamiento— juridico-espanol/

FERNÁNDEZ ROZAS, J. C., SÁNCHEZ LORENZO, S., *Derecho Internacional Privado*, 7.ª, Civitas, Madrid, 2013.

GALLEGO FERNÁNDEZ, L. A., «Cadenas de bloques y registros de derechos», en *Revista Crítica de Derecho Inmobiliario*, N.º 765.

GONZÁLEZ, M., «Identificación Electrónica y Servicios de Confianza», en *Diario La Ley*, N.º 8762, Sección Práctica Forense, 16 de mayo de 2016.

GORDO VILLANUEVA, M., «Smart contracts y la tecnología blockchain en el derecho contractual», en *Revista Sepin Nuevas tecnologías* (SP/DOCT73075) 2017.

HACKIUS, N. y PETERSEN, M., «Blockchain in Logistics and Supply Chain: Trick or Treat? », 2017.

HOSKINSON, C., «Cardano White Paper: A Decentralized Public Blockchain and Cryptocurrency Project», 2017, disponible en: https://www.cardano.org/

HYVÄRINEN, H., RISIUS, M., y FRIIS, G., «A Blockchain-Based Approach Towards Overcoming Financial Fraud in Public Sector Services», en *Business & Information Systems Engineering*, 59(6), 2017, pp. 441-456.

IBÁÑEZ JIMÉNEZ, J., «Smart contract y notariado español: algunas claves orientadoras», en *LA LEY Mercantil*, Nº 48, junio 2018.

KSHETRI, N., «Blockchain's roles in meeting key supply chain management objectives», en *International Journal of Information Management*, 39, 2018, pp. 80-89.

LEE, C., «Litecoin: A Peer-to-Peer Internet Currency», 2011, disponible en: https://litecoin.org/

LEGERÉN-MOLINA, A., «Los contratos inteligentes en España: La disciplina de los Smart Contracts», en *Revista de Derecho Civil*, vol. V, núm. 2., 2018, disponible en: https://dialnet.unirioja.es/servlet/articulo?codigo=6485164

MAKDISI, J., «The Islamic Origins of the Common Law», en *North Carolina Law Review*, 77(5), 1999, pp. 1635-1739.

MATEO HERNÁNDEZ, J. L., *El dinero electrónico en Internet. Aspectos técnicos y jurídicos*, Comares, Granada, 2005.

MIK, E., «Smart Contracts: terminology, technical limitations and real world complexity», en *Law, Innovation and Technology*, 9(2), 2017, pp. 269-300.

NAKAMOTO, S., «Bitcoin: A Peer-to-Peer Electronic Cash System», 2009, disponible en: https://bitcoin.org/bitcoin.pdf

O'DWYER, K. J. y MALONE, D., «Bitcoin Mining and its Energy Footprint», Proceedings of the 25th IET Irish Signals and Systems Conference, 2014.

ORTEGA GIMÉNEZ, A., *Código Universitario de Derecho Internacional Privado*, BOE (BOE), Agencia Estatal BOE, Madrid, 2023.

ORTEGA GIMÉNEZ, A., «Smart Contracts: Competencia judicial internacional y determinación de la ley aplicable», en *Revista Boliviana de Derecho*, N.º 36, Fundación *Iuris tantum*, Santa Cruz de la Sierra (Bolivia), julio 2023, pp. 560-579.

ORTEGA GIMÉNEZ, A., *Smart contracts and private international law, 2nd updated and revised edition (English)*, Editorial Thomson Reuters Aranzadi, Cizur Menor (Navarra), 2022.

ORTEGA GIMÉNEZ, A., «Smart contracts: competencia judicial internacional y determinación de la ley aplicable», en PÉREZ JUAN, J. A.; SANJUÁN ANDRÉS, F. J. y ORTEGA GIMÉNEZ, A. (Cord.), *Derecho Internacional Privado, contratación internacional en internet y régimen jurídico del comercio exterior*. Cuadernos digitales. Derecho y nuevas tecnologías, número 1, Editorial Thomson Reuters Aranzadi, Cizur Menor (Navarra), 2022, pp. 63-81.

ORTEGA GIMÉNEZ, A., «Soluciones jurídicas ante los retos de la innovación: los Smart Contracts y el Derecho Internacional Privado», en JIMÉNEZ BLANCO, P. y ESPINIELLA MENÉNDEZ, A. (Dirs.), *Nuevos escenarios del derecho Internacional Privado de la contratación*, Editorial Tirant lo Blanch, Valencia, 2021, pp. 557-586.

ORTEGA GIMÉNEZ, A., «Los «contratos inteligentes» (Smart Contracts) ... ni son «contratos» ni son «inteligentes»» (https://elderecho.com/los-contratos-inteligentes-smart-contracts-contratos-inteligentes), en *Revista Digital EL DERECHO.COM*, Lefebvre Inteligencia Jurídica, Madrid, 24 de junio de 2020.

ORTEGA GIMÉNEZ, A., *Smarts Contracts y Derecho Internacional Privado*, Editorial Thomson Reuters Aranzadi, Cizur Menor (Navarra), 2019.

ORTEGA GIMÉNEZ, A. y GONZALO DOMENECH, J. J., «Las transferencias internacionales de datos de carácter personal en el nuevo Reglamento General de Protección de Datos», en *Revista Economist & Jurist*, Número 217, Difusión Jurídica, Barcelona, febrero 2018.

ORTEGA GIMÉNEZ, A. y GONZALO DOMENECH, J. J., «Nuevo marco jurídico en materia de protección de datos de carácter personal en la Unión Europea», en *Revista de la Facultad de Derecho*, Universidad de la República (Uruguay), N.º 44 enero-Junio 2018.

ORTEGA GIMÉNEZ, A. y HEREDIA SÁNCHEZ, L. S., *Materiales de Derecho Internacional Privado para el Grado en Derecho*, Difusión Jurídica, Madrid, 2018.

ORTEGA GIMÉNEZ, A., «Cuestiones de Derecho Internacional Privado (Competencias judicial internacional y ley aplicable) en el nuevo Reglamento General de Protección de Datos», en *Revista Economist & Jurist*, Número 217, Difusión Jurídica, Barcelona, febrero 2018.

ORTEGA GIMÉNEZ, A., «El impacto de las nuevas tecnologías en el derecho a la protección de datos desde la perspectiva del Derecho Internacional Privado: Redes Sociales de Internet y Cloud Computing», en *Revista Digital Universidad Autónoma de Tabasco*, volumen 6, N.º 11, Artículo Monográfico, julio-diciembre 2018.

ORTEGA GIMÉNEZ, A., «El Reglamento General de Protección de Datos de la UE en la empresa: novedades prácticas», en *Diario La Ley*, en el número 15, Sección Ciberderecho, Editorial Wolters Kluwer, 7 de marzo de 2018.

ORTEGA GIMÉNEZ, A., «Impacto del nuevo marco jurídico en materia de protección de datos de carácter personal en la Unión Europea: del «safe harbour» al «privacy shield»», en *Revista Digital Administrativo*, Editorial jurídica Sepin, N.º 24, SP/DOCT/73156, Artículo Monográfico, enero 2018.

ORTEGA GIMÉNEZ, A., *El nuevo régimen jurídico de la Unión Europea para las empresas en materia de protección de datos de carácter personal*, Thomson Reuters Aranzadi, Cizur Menor (Navarra), 2017.

ORTEGA GIMÉNEZ, A., «El Reglamento General de Protección de Datos de la UE en la empresa: novedades prácticas», en *Diario La Ley*, N.º 15, Sección Ciberderecho, 7 de marzo de 2018, Editorial Wolters Kluwer, 2018.

PASTOR, J., *«Qué es blockchain: la explicación definitiva para la tecnología más de moda»*, disponible en: https://www.xataka.com/especiales/que-es-blockchain-la-explicacion-definitiva-para-la-tecnologia-mas-de-moda

PÉREZ ALONSO, G., «Blockchain y *Lex* Criptographia: el nuevo orden legal», en *Diario La Ley,* N.º 9253, Sección Hoy es Noticia, 6 de septiembre de 2018

PETROWSKI, G., «Vyper: A Security Comparison with Solidity», 2018, disponible en: https://vyper.readthedocs.io/en/stable/

PUYOL, J., «¿Qué son los «Smart Contracts» o contratos digitales?», disponible en: https://confilegal.com/20160403-los-smart-contrats-contratos-digitales/

PUYUELO ESTALLO, VINUESA TOBAJAS, P., «Blockchain 2.0— Smart Contract: ¿Contratos inteligentes?», disponible en: http://tecnologia.elderecho.com/tecnologia/internet_y_tecnologia/Blockchain-Smart-Contract-Contratos-inteligentes_11_1119805001.html

REYES, C., «Arizona otorga estatus legal al Blockchain y a los contratos inteligentes desarrollados en Ethereum», en *Diario Bitcoin*, 5 de abril de 2007.

RÍOS LÓPEZ, Y., «La tutela del consumidor en la «contratación inteligente». Los «smart contracts» y la «blockchain» como paradigma de la Cuarta Revolución industrial», en VLEX, disponible en: https://libros-revistas-derecho.vlex.es/*vid.*/tutela-consumidor-contratacion-inteligente-756319901

SCHWARTZ, D., YOUNGS, N., y BRITTO, A., «The Ripple Protocol Consensus Algorithm», 2014, disponible en: https://ripple.com/files/ripple_consensus_whitepaper.pdf

SZABO, N., «The Idea of Smart Contracts», 1997, disponible en: http://www.fon.hum.uva.nl/rob/Courses/InformationInSpeech/

TIAN, F., «A supply chain traceability system for food safety based on HACCP, blockchain & Internet of things», International Conference on Service Systems and Service Management, 2017, pp. 1-6.

TUR FAÚNDEZ, C., *Smart Contracts, análisis jurídico*, Reus, Madrid, 2018.

VAN SABERHAGEN, N., «CryptoNote v 2.0.», 2014, disponible en: https://cryptonote.org/whitepaper.pdf

VEGA, G. y LÓPEZ BUENO, O., «Cadena de bloques Guía básica para entender de una vez qué es eso del «Blockchain»», Madrid, disponible en: https://retina.elpais.com/retina/2017/07/13/tendencias/1499945987_724507.html

WOOD, G., «Ethereum: A Secure Decentralised Generalised Transaction Ledger», Ethereum Project Yellow Paper, 2014, disponible en: https://ethereum.github.io/yellowpaper/paper.pdf

WOOD, G., «Polkadot: Vision for a Heterogeneous Multi-chain Framework», 2016, disponible en: https://polkadot.network/PolkaDotPaper.pdf

ZYSKIND, G., NATHAN, O. y PENTLAND, A., «Decentralizing privacy: Using blockchain to protect personal data», IEEE Security and Privacy Workshops, 2015, pp. 180-184.